アジア・太平洋戦争
を
問い直す

伊藤純郎

目　次

はじめに

1941年12月9日付『朝日新聞』朝刊第一面

9日付夕刊では「帝国・米英に宣戦を布告す」という見出しのもと、
「宣戦の詔書」が掲載されました。

はじめに〜〜〜〜〜〜〜〜〜〜〜〜〜〜〜〜〜〜〜〜〜〜〜〜〜〜

　　平和学習は戦争そのものを直視することから始まります。本講習では、地上戦が繰り広げられた沖縄、被爆地広島・長崎、帝都東京、航空機特攻の〈故郷〉茨城という歴史の場から、沖縄戦の実態と教科書における沖縄戦の記述、摩文仁の丘と沖縄戦の記憶、原爆の記憶と描かれた原爆、模擬原爆投下訓練と無差別空襲の負の連鎖、玉音放送と8月15日の記憶、特攻の記憶、16歳の戦争を題材に、アジア・太平洋戦争を問い直します。あわせて、摩文仁の丘・ひめゆり平和祈念資料館・対馬丸記念館、広島平和記念資料館・長崎原爆資料館、予科練平和記念館など、修学旅行や平和学習に活用できる教材と学習の方法・視点を提供します。

　この文章は、2022年度に予定されていた筑波大学教員免許状更新講習において、私が担当する予定であった講習「アジア・太平洋戦争を問い直す」の講習概要です[1]。
　教員免許更新制は、2022年5月11日に「教育公務員特例法及び教育職員免許法の一部を改正する法律」が成立し、発展的に解消されることになりました。
　この本は、教員免許状更新講習が2022年度も継続された場合に備え、筑波大学が準備していた19講習の一つで、8月26日に実施予定であった講習「アジア・太平洋戦争を問い直す」を誌上再現するものです。

　講習のタイトルとなったアジア・太平洋戦争とは、政府の呼称である「先の大戦」（The War）を指します。「先の大戦」を指す呼称としては、アジア・太平洋戦争のほかに、太平洋戦争／「大東亜戦

争」／十五年戦争／第二次世界大戦などがあります[※2]。

　太平洋戦争は、1941年12月、真珠湾奇襲とマレー半島への上陸をもって開始された対米英戦争です[※3]。これに対し、「大東亜戦争」は日本政府が命名した呼称で、「大東亜新秩序」建設を大義名分とした「支那事変」をも含めた戦争[※4]、十五年戦争は満州事変から「敗戦」までのあしかけ15年にわたる対外戦争[※5]です。

　このように「先の大戦」を指す呼称がさまざまなのは、戦争が、1937年に始まった日中戦争、1941年の日米戦争と東南アジアを舞台とした日英戦争、さらには終戦前後の日ソ戦争という複雑な諸相を帯びていることに起因します。

　本講習では、こうした点をふまえ、「大東亜戦争」は日本の侵略を肯定するイデオロギー性が強いこと、太平洋戦争と十五年戦争は対象となる地域が太平洋と東・東南アジアに偏っているという理由から、アジア・太平洋戦争という呼称を、新たな呼称であり歴史的状況から離れている、論者によって戦争の期間に相違がみられるという問題に留意しながら使用しました。

　それでは、アジア・太平洋戦争を、沖縄という場から問い直してみましょう。

【注】

[※1]　私は、この講習を2011年度から2021年度までの11年間、計31回（うちオンライン7回）担当し、筑波大学と筑波大学東京キャンパスの2会場で計1098人の教員が受講しました。講習は、試験時間（40分）を除いた5時間20分を、各80分の4講に分け、沖縄、広島・長崎、帝都東京、および筑波大学の所在地である茨城という場から、アジア・太平洋戦争を問い直すものです。2022年度は、2021年度と同様に同時双方向型（オンライン会議方式）で実施し、講義資料（参考文献・関係地図を含めA3判30枚）は受講者に事前に郵送する予定でした。2022年度の講義資料は、対面型で実施された2019年度まで使用した『沖縄戦の絵』『原爆の絵』『はだしのゲン』『夕凪の街　桜の国』などの教材を精選する一方、2022年が沖縄「祖国復帰」50年であることから沖縄の資料を増やすとともに、歴史総合や日本史／世界史探究のスタートをふまえ「私たちとアジア・太平洋戦争」（16歳の戦争／戦争と大学）についても触れることにしました。

※2 戦争の呼称の変遷に関しては、庄司潤一郎「日本における戦争呼称に関する問題の一考察」(『防衛研究所紀要』第13巻第3号、2011年)が詳しく解説しています。

※3 太平洋戦争という呼称は、GHQの神道指令にもとづく「大東亜戦争」という呼称の使用禁止とGHQ民間情報教育局提供による「太平洋戦争史─真実なき軍国日本の崩潰」の新聞連載により広く定着しました。この連載はその後、中屋健弌訳『太平洋戦争史─奉天事件より無條件降伏まで─(連合軍総司令部民間情報教育局資料提供)』(高山書店、1946年)として刊行されました。この本に対しては、満州事変から日本の敗戦までを連続した戦争として捉え、その主要部分は太平洋を主戦場とする日米戦争であったことを印象づけ、抗戦の主体としての中国の役割などが捨象されているという批判があります(由井正臣「占領期における「太平洋戦争」観の形成」[『史観』第130号、1994年])。

※4 「大東亜戦争」という呼称は、開戦直後の1941年12月10日、大本営連絡会議をへて閣議決定されたものです。GHQの神道指令により、国家神道・軍国主義・過激な国家主義を連想させる名称として公文書での使用が禁止されました。

※5 十五年戦争という用語は、鶴見俊輔「知識人の戦争責任」(『中央公論』第71巻第1号、第809号、1956年1月)で使用されたのが最初です。なぜこの言葉が必要かについては「日本知識人のアメリカ像」(『中央公論』第71巻第7号、7月)で述べています。家永三郎は『太平洋戦争』(岩波書店、1968年)で、1931年から1945年にかけてのひとつながりの戦争としてこの戦争を捉えるのがよいと書いています。伊藤隆『日本の歴史』30(小学館、1976年)のタイトルは「十五年戦争」でした。

第 1 講

沖 縄

平和の礎

2022年（6月20日現在）は新たに55人（沖縄県出身27人）が追加
刻銘され、刻銘者総数は24万1686人を数えます。

（1）　沖縄戦──集団自決と「慰霊の日」

沖縄戦

　沖縄は、本土防衛の最後の砦、本土決戦の捨て石とされ、「鉄の暴風」とも称される砲撃を受けた凄惨な戦場となりました。戦艦や巡洋艦からの艦砲射撃、航空機による空襲、砲兵部隊からの砲撃といった米軍による攻撃だけでなく、食糧強奪、壕（ガマ）からの追い出し、スパイ容疑などを理由とした日本軍による沖縄住民の殺害、集団自決（「強制集団死」）により、多くの悲劇が起きました。

　1957年、琉球政府が発表した沖縄戦戦没者総数は20万656名、内訳は、沖縄県出身者12万2228名（一般県民9万4000名、沖縄県出身軍人・軍属2万8228名）、他都道府県出身兵6万5908名、米軍1万2520名といわれます。戦没者総数の半数近くが、戦闘の巻き添えとなった子どもや少年少女を含む一般県民であったことが、沖縄戦の凄惨さと異常さを物語っています（『沖縄戦の子どもたち』）。

　資料1（p.106）は、沖縄戦をまとめた年表です。

　沖縄戦は、1945年3月26日の米軍の慶良間諸島への上陸・占領から、4月1日の沖縄本島上陸をへて[※1]、現在「慰霊の日」と呼ばれる6月23日までの日米両軍による戦闘をさします。

　また、フィリピン・レイテ島への上陸を計画した米軍が、日本軍の援軍を断ち切るために沖縄を奇襲攻撃した1944年10月10日の大規模空襲（10・10空襲）から[※2]、米軍が沖縄戦終結を宣言した7月2日、日本軍司令官が沖縄嘉手納の米琉球兵団で降伏文書に調印した9月7日までの期間を含むこともあります。玉音放送の8月15日、ミズーリ号で降伏文書調印式が行われた9月2日でもなく、9月7日までとしていることは、沖縄戦の実態に即したものといえましょう。

　さらに、満州事変に始まる「日本がアジア、太平洋の他国でおし進めた十五年におよぶ戦争の総決算」という捉え方もあります。これは「沖縄戦における国民の犠牲は他のアジア諸国民の犠牲とあわせてとらえなければ片手おち」という考えによるものです（『平和への証言　沖縄県立平和祈念資料館ガイドブック』）。

　そして、『琉球新報』『沖縄タイムス』をはじめとする沖縄県の新聞報道では、「戦後〇年」ではなく、「沖縄戦〇年」という表現が使用されており、沖縄戦は現在も続いている戦争であるという意識がうかがえます。

　このように「いくつもの沖縄戦」[※3]がありますが、本講習では、沖縄戦の期間を、第32軍が創設された1944年３月22日から、沖縄で降伏文書に調印した1945年９月７日までとしました。これは、第32軍の存在が、戦闘の長期化と沖縄住民も含めた犠牲者の拡大に多大な影響を及ぼしたと考えるからです[※4]。

　さて、沖縄戦の特徴としては、①本格的な地上戦であったこと、②日本軍だけでなく、少年少女を含む沖縄の住民も戦闘に参加したこと、③陸海軍航空部隊による体当たり攻撃である特攻作戦が行われたこと、④集団自決が沖縄本島や周辺の島々で起きたこと、⑤本土決戦のため、国体護持のための戦いであったことなどがあげられます。

中学校社会科教科書における沖縄戦の記述

　では、教科書において沖縄戦は、どのように記述されているのでしょうか。

　資料２（p.107）は、中学校社会科教科書のなかでもっとも採択数が多い教科書における沖縄戦の記述を、現行版からさかのぼり整理したものです。

　教科書で沖縄戦の記述が始まるのは、④の1977年４月文部省検

定済／1978年2月発行版（77／78年版）です。それまでの記述は、「太平洋戦線では、合衆国軍が、フィリピンを取りもどし、さらに北上して、ついに沖縄が戦場となり、本土への空襲も強まった」（74／75年版）という簡潔なものでした。その後、80／81年版では「1945年（昭和20年）4月には」と新たに「4月」が追加され、③（86／87年版）では「3月」に改められるとともに、「沖縄戦」という用語や「住民のなかで、日本軍によってスパイの疑いをかけられて殺害される人々」といった記述が加えられています。

　平成になると、②（96／97年版）で「集団自決をする人々があった」という記述が追加され、11／12年版から「特別攻撃隊（特攻隊）」[※5]の用語も登場しています。

　図版も変化しています。11／12年版以降は、「火炎放射器で攻撃するアメリカ軍（沖縄県）」に代わり、「沖縄戦でアメリカ兵に投降した母子（沖縄県公文書館蔵、1945年4月）」が掲載されていました（現行版ではなくなりました）。

　一方、沖縄戦の期間ですが、始まりは「アメリカ軍が沖縄に上陸」した3月となっていますが、第32軍や10・10空襲の記述はありません。

　これに対し、沖縄戦が終わった時期については、6月23日／7月2日／8月15日／9月7日に関する記述はなく、いつ終了したのかに関する説明はありません[※6]。

教科書における集団自決の記述

　沖縄戦の記述で注目して欲しいことは、集団自決に関する記述です。沖縄で集団自決という表現が初めて使われたのは、沖縄タイムス社発行の『鉄の暴風―沖縄戦記』（1950年）で、集団自決があった島では、玉砕、玉砕命令、玉砕場などと言っていたといわれます。

　資料2（p.107）の教科書において、集団自決の記述が初めて登場

したのが96／97年版でした。「住民のなかで、スパイの疑いとの理由で日本軍に殺害されたり、集団自決をする人々があった」という記述です。しかし、集団自決が本人の意思によるものなのか、日本軍の強制・関与によるものか、あいまいな表現となっています。

その後、01／02年版では、「住民のなかで、スパイの疑いとの理由で日本軍に殺害されたり、集団自決をする人々があった」（96／97年版）という記述に代わり「沖縄の人々は、子どもや学生をふくめて、多くの犠牲者を出しました」となり、さらに11／12年版で「日本軍によって集団自決に追い込まれた住民もいました」という記述が登場しました。ただし「強制集団死」という表現は使用されていません。

これに対し、高等学校日本史教科書において、沖縄戦における集団自決の記述が登場するのは、1983年の教科書検定からです。

1982年の教科書検定※7で、実教出版発行日本史教科書で沖縄戦における日本軍の住民殺害記述が削除されました。これを受け、翌1983年、三省堂『新日本史』など多くの教科書が沖縄戦の住民殺害を記述したところ、検定で「犠牲者数の多い集団自決を住民殺害に先立って書くように」との修正意見が付いたのです※8。

この検定をめぐり執筆者である家永三郎が、1984年に提訴します（第三次教科書訴訟）※9。このなかで原告側が集団自決を「語句本来の意味の自発死はなかった。軍の強制、誘導などにより発生した集団死だった。加筆は軍の残虐行為を薄める狙いがある」と主張したのに対し、被告側は「皇民化教育の発露としての文字通りの自発死だった」と主張しました。

さらに翌1984年の教科書検定で、「学徒が自決を強いられた」という記述に対し、「必ずしも強いられたのではなく、一億玉砕の意気に燃えて、自らが望んで死んだ面もあったはず。"強いられて"というのは表現が過ぎる」として、改善意見が出され、強制の記述

が削除されたことが発覚しました。

　このように集団自決の記述は文部省からの指示によるもので、国が定義する集団自決とは、玉砕の意気に燃え、自らの意思で行う、崇高な犠牲的精神が発露されたものです※10。まさに"靖国の思想"であり、戦死を美化・正当化する考えといえましょう。

2006年度の教科書検定

　沖縄戦における集団自決の記述に関し、思い出されるのは、2006年度の日本史教科書検定です。この時、日本軍が集団自決を強制したという記述は「沖縄戦の実態について、誤解するおそれがある表現である」と、5社7冊に修正をもとめる検定意見が初めて付きました。「日本軍による強制または命令は断定できない」というのが理由でした。この結果、いずれの教科書でも、これまで日本軍による集団自決の強制が明記されていましたが、日本軍の強制・命令について否定する記述となりました。私が執筆した日本史B教科書もその一冊です。

　この教科書検定に強く反発したのが沖縄の人びとでした。2007年、沖縄県議会は2度にわたり検定意見の撤回を求める意見書を採択し、沖縄県内41の全市町村も同様の採択を行いました。また、6月9日に「6・9沖縄戦の歴史歪曲を許さない！県民大会」、さらに9月29日には「教科書検定意見撤回を求める沖縄県民大会」が開かれ、検定意見の撤回と集団自決強制の記述復活を決議しました。9月の県民大会は、宮古・八重山を含め11万6000人が結集するなど、「祖国復帰」後最大の"島ぐるみ"大会となりました。

　こうした事態をふまえ、文科省は教科書会社からの訂正申請を認め、文科省とのやりとりのなかで修正された再訂正申請を承認しました。しかし、「日本軍が強制した」という記述は最後まで認められませんでした。

集団自決の記憶

　では、集団自決は、どのような場で、どのような状況のもとで起きたのでしょうか。集団自決やその記憶は、当事者の手記や自治体史などに記されています。そのなかでしばしば紹介されるのが、読谷村字波平の住民が避難した、チビチリガマとシムクガマという、二つのガマ（自然壕・自然洞穴）での出来事です。

　チビチリガマでは、中国戦線での経験を持つ男が、「日本軍が中国人を虐殺したのと同様に、今度は自分たちが米軍に殺される」と自決を口にし、布団に火をつけ、毒物を注射するなどして、避難者140人のうち83人の住民が命を落としました。犠牲者の約6割が18歳以下で、母親の手によって殺された子どもも少なくありませんでした。こうした事実は、1983年からチビチリガマでの調査が始まり、住民たちが少しずつ重い口を開くなかで判明しました[11]。

　これに対し、チビチリガマから約1km東方にあり、1000人近くの住民が避難したシムクガマでは、ハワイ移民帰りの男性が米兵と対応し、「アメリカ兵は捕虜を殺さない」と住民を説得した結果、集団自決は起きませんでした。

　この対照的な出来事は、ガマという閉ざされた空間のなかで、誰の声を聞くか、誰の声が空間を支配するかが、生死を分けたことを物語ります。事実、チビチリガマでは当初、幼い子を持つ4人の女性ら反自決派と自決派が対立していましたが、しだいに自決派の声が優勢になったといいます（『読谷村史』第5巻資料編4　戦時記録上巻・下巻）。

　NHK沖縄放送局が編集した『沖縄戦の絵　地上戦　命の記録』には、沖縄戦を経験した人びとが描いた絵が数多く掲載されています[12]。

　このなかの「集団自決」の項には、伊江島「集団自決」（2枚組み）、

座間味島「集団自決」、「摩文仁　身を投げる女性」の４枚の絵と文章が収録されています。伊江島の集団自決では、「防衛隊員の男性が『皆で一緒に死のう』と呼びかけ」「男性が爆弾を爆発させ、22人が一瞬のうちに命を落とした」という文章もあります。

　文科省が定義する集団自決と離島を含む沖縄の各地で起きた集団自決の違い。こうした事例をもとに集団自決とは何だったのかを考えて欲しいと思います。あわせて、集団自決をはじめとする用語や沖縄戦の記述が、いつ、どのような社会状況のなか、教科書で使用されるようになったのかについても調べてください。

沖縄「慰霊の日」

　沖縄戦の学習にあたり、集団自決とともに考えていただきたいのが、６月23日の沖縄「慰霊の日」です。６月23日は第32軍司令官の牛島満が摩文仁の丘で自決し、日本軍の組織的戦闘が終結した日とされます[※13]。

　「慰霊の日」は、1961年に「沖縄戦の戦没者の霊を慰め、平和を祈る」日として制定され、翌年から実施されました。1964年までは６月22日とされていましたが、1965年から６月23日に変更され、1974年に沖縄県条例で「人類普遍の願いである恒久の平和を希求するとともに戦没者の霊を慰める」「慰霊の日」と制定されました。

　毎年、「慰霊の日」の前後には地元紙やテレビ番組で沖縄戦特集が組まれ、当日は糸満市摩文仁の沖縄県営平和祈念公園で、首相も参列して沖縄全戦没者追悼式が開かれます[※14]。2022年の「慰霊の日」、私も沖縄県営平和祈念公園におりましたが、早朝から平和の礎の前に花や食べ物を供え、手を合わせる人びとの姿が印象的でした。コロナ禍の感染防止対策のため３年連続で規模が縮小されるなか、公園内で午前11時50分から開かれた沖縄全戦没者追悼式には岸田文雄首相や衆参両院議長が出席しました。

　ですから、「慰霊の日」は本土における 8 月15日（終戦記念日）に相当する日といえます。もっとも本土は、原爆を投下され、空襲を受けましたが、敵対する兵士が互いに直接殺しあう場ではなかったのに対し、沖縄は日米両軍が互いに殺しあい、日本兵が沖縄住民を殺害し、集団自決を強いた場であったという点において、大きな違いがあることに留意してください。

　では、本土の人びとは、「慰霊の日」のことを、どの程度認識しているのでしょうか。

　資料 3（p.108）は、 6 月23日付『朝日新聞』における報道を整理したものです。

　1961年から1969年までは「慰霊の日」に関する報道はなく、1970年代も1970年から「祖国復帰」の年である1972年までを除いて報じられておりません。1981年以降は「天声人語」・社説・社会面で報道されていますが、全般的に低調です。

　2022年 6 月23日付朝刊第一面でも、「参院選公示」[15]、「岸田政権どう評価」という記事の下に「復帰50年　沖縄きょう慰霊の日」という見出しの記事が掲載される程度でした。

　沖縄「慰霊の日」に対する本土の関心は、沖縄が「祖国復帰」した 5 月15日と同様に非常に低いことがうかがえます[16]。米軍基地をはじめとする安全保障の問題は日本国政府の専権事項だから私たちには関係ないと無関心を装う、諦めるのではなく、米軍基地問題という現在の沖縄が抱える問題の原点を考えるうえでも、沖縄戦を学ぶ機会をもっと増やす必要があります。

【注】

※ 1　沖縄本島／本州といった呼び名は、「本」―支・末といった価値序列意識が地政学的空間に投影されたものです。『沖縄大百科事典』第 1 巻（沖縄タイムス社、1983年）の「沖縄島」の項でも「沖縄島の主島という意味で、沖縄本島と称する場合が多い」と書かれています。こうした地政学的中心意識にもとづく表記に

は問題があると考えられますし、最近の教科書や地図帳でも沖縄島という表記になっていますが、講習では沖縄本島をはじめ、本土／内地／外地といった表記を使用しました。

※2　沖縄本島東海上約280kmの米軍空母・巡洋艦から出撃した艦載機1396機が、午前7時から午後3時まで5次にわたり攻撃しました。市街地への攻撃では試験的に焼夷弾が使用され、市街地の90％近くが焼失しました。那覇は復興する間もなく米軍上陸を迎えます。

※3　1944年夏にサイパン島・テニアン島において日本守備隊が全滅した時に起きた沖縄県人の集団自決は、「もう一つの沖縄戦」と呼ばれています。

※4　第32軍の任務は、南西諸島における航空基地と主要港湾の防衛で、飛行場建設にあたる部隊が次々と沖縄に到着しました。サイパン島が米軍に占領されると、地上戦闘部隊の沖縄への派遣が始まり、これにともない第32軍司令部も刷新され、牛島満中将が軍司令官、長勇中将が参謀長として着任しました。第32軍司令部は、首里城の地下に掘られた総延長1kmに及ぶ地下壕に設けられ「天岩戸戦闘指揮所」といわれました。

　　　ただし、第32軍の牛島満だけに注目することには注意が必要です。「沖縄県民斯ク戦ヘリ　県民ニ対シ後世特別ノ御高配ヲ賜ランコトヲ」という電文を残して6月13日に自決した海軍沖縄方面司令長官大田実（豊見城市にある旧海軍司令部壕は一部復元され公開されています）や沖縄戦直前に赴任し摩文仁で消息を絶った島田叡知事（戦後「沖縄の島守」と慕われている）らの行動も調べてください。

※5　沖縄戦では、航空機による米軍艦隊への体当たり攻撃である特攻作戦が行われました。特に4月6日から6月22日まで、菊水作戦と命名された10回にわたる特攻作戦では、鹿屋・国分をはじめとした九州の特攻基地から陸海軍航空部隊が飛来して特攻を敢行しました。また、戦艦大和を中心とした10隻からなる水上特攻部隊も沖縄に向け出撃しましたが、大和は米軍空母艦載機の波状攻撃により、4月7日に鹿児島坊ノ岬沖で2700余名の乗員とともに撃沈されました。

※6　アジア・太平洋戦争に関する記述でも、「満州事変から14年」（43／44年版）、「満州事変から15年にわたる」（46／47年版）、「満州事変から数えて15年におよんだ中国との戦争」（08／09年版）といった記述は、13年／14年版から消えました。また、「太平洋戦争の始まり」に対し、終結についてはいずれも8月15日に「第二次世界大戦」が終わったという記述となっています。

※7　中学校社会科教科書では、中国侵略→進出・侵攻、弾圧→鎮圧、出兵→派遣、天皇の死→没といった記述の修正に対して近隣アジア諸国からの反発が高まりました。このため文部省は教科書検定基準に、「近隣のアジア諸国との間の近現代の歴史的事象の扱いに国際理解と国際協調の見地から必要な配慮がなされていること」という、現在も存続している「近隣諸国条項」を設けました。

※8　「沖縄戦は地上戦の戦場となり、約16万もの多数の県民老若男女が戦火のなかで非業の死をとげたが、そのなかには日本軍のために殺された人も少なくなかった」という記述に対し、「犠牲者の最も多かった『集団自決』を加えなければ、沖縄戦の全貌は分からない」という修正意見がつき、「沖縄戦は地上戦の戦場となり、約16万もの多数の県民老若男女が、砲爆撃にたおれたり、集団自決に追いやられたりするなど、非業の死をとげたが、なかには日本軍のために殺された人々も少なくなかった」という記述になりました。

※9　1989年の一審判決、1993年の東京高裁判決では、集団自決は沖縄戦の特徴と指摘されており、美化することのないよう配慮を要するとしても、記述を求めたことは不当ではなく裁量の範囲内とされました。また、1997年の最高裁判決では、地上戦に巻き込まれた沖縄県民の悲惨な実状を教えるためには軍による住民殺害とともに集団自決を記載することが必要であり、違法とはいえないとされました。

※10　防衛庁防衛研修所戦史室『戦史叢書　沖縄方面陸軍作戦』（朝雲新聞社、1968年）では、「当時の国民が一億総特攻の気持にあふれ、非戦闘員といえども敵に降伏することを潔しとしない風潮がきわめて強かったことがその根本的理由」であるとし、「戦闘員の煩累を絶つため崇高な犠牲的精神により自らの生命を絶つ者も生じた」と記しています。また、『沖縄戦を知る事典』では「日本軍による『軍官民共生共死』と、本土防衛のため持久戦を一日でも長く戦うという方針のもと、住民と日本軍が混在した戦場の中で、日本軍による強制、誘導で起こった」と解説されています。

※11　1987年、遺族らが入り口に建立した「世代を結ぶ平和の像」が、右翼団体により破壊されました。同年の沖縄国体で、読谷村の競技会場に掲揚された日の丸が焼き捨てられたことへの報復だったといいます（像は1995年に再建）。また、2017年9月12日、チビチリガマ入り口の説明板が引き抜かれ、内部の遺品が荒される事件が起きました。

※12　NHK沖縄放送局と沖縄県が2005年に主催した「体験者が描く沖縄戦の絵」に寄せられた285人547点のうちの101点が、学童疎開／10・10空襲／米軍上陸／壕からの追い出し／日本兵など20の項目ごとに、NHK沖縄放送局が絵の作者に取材した文章とともに収録されています。講習では何枚かの絵と文章のコピーを配布しました。「野戦病院」のなかには「日本兵から1人1人手榴弾を手渡された」様子を描いた「手榴弾を配られるひめゆり学徒隊」が収録されています。

※13　1945年7月14日、阿南惟幾陸軍大臣が鈴木貫太郎総理大臣に牛島満の昇任を申請した、「任陸軍大将　陸軍中将牛島満」という史料（国立公文書館蔵、アジア歴史資料センター）には、「本人ハ第三十二軍司令官トシテ沖縄諸島方面ニ出動其ノ功績顕著ナル処六月二十日戦死セル者ニ有之候條同日附発令相成度候」と記されています。牛島の自決の日は諸説ありますが、陸軍は6月20日とし、沖縄戦で多数の犠牲者を出させた司令官を中将から大将に昇任させています。

※14　沖縄全戦没者追悼式に初めて出席した首相は1990年の海部俊樹で、2013年からは外務大臣・防衛大臣も出席するようになりました。戦後初めて現職首相として沖縄を訪問したのは佐藤栄作で、米国統治下の1965年8月19日でした。

※15　本来の公示日は6月23日でしたが（7月10日の投開票日より原則17日以前）、「慰霊の日」と重なるため前日の22日となりました。これは、2016年の選挙で当初の公示日であった6月23日に対し、沖縄県から反発があり22日に前倒しした経緯をふまえたものといわれます。

※16　こうした傾向は沖縄でも見られ、2021年度沖縄県立高等学校入学試験の社会科で出題された「沖縄の日本復帰の年月日」を、「1972年5月15日」と正しく答えた割合は28.4％に過ぎなかったといいます（6月30日付『沖縄タイムス』）。

（2） 摩文仁の丘の風景

平和祈念公園

　沖縄で修学旅行を実施時の見学地の一つに糸満市摩文仁にある平和祈念公園──正式名称は沖縄県営平和祈念公園──があります。摩文仁の丘は、第32軍司令部が最後に置かれ、丘の頂上近くで牛島満司令官と長勇参謀長が自決したことから、沖縄戦の終結を記念する象徴的な場所とされてきました[17]。

　資料4（p.114）は、平和祈念公園の案内図です。

　東京ドームの9個分、アウシュヴィッツ絶滅収容所の5分の1に相当する約40haの公園内には、園路・広場／平和／平和式典／霊域の四つのゾーンがあり、沖縄戦に関する資料を展示した沖縄県平和祈念資料館、沖縄戦で亡くなったすべての人びとの氏名を刻んだ平和の礎、戦没者の鎮魂と永遠の平和を祈る沖縄平和祈念堂、摩文仁の丘の上には国立沖縄戦没者墓苑や府県・団体の慰霊碑が50基建立されています。

　平和祈念公園内をじっくり見学するには1日が必要です。しかし、近年の沖縄修学旅行は、平和学習に加え、自然体験学習や自主研修などを盛り込むことが多いため、平和祈念公園での滞在時間は2、3時間程度となっています。その場合、多くの学校は沖縄県平和祈念資料館の見学を中心にしますが、私は平和式典ゾーンにある平和の礎と霊域ゾーンに建立された府県慰霊碑の見学をお勧めします。

平和の礎

　平和の礎は、全戦没者の追悼と平和祈念、平和の創造と発信、平和の交流、平和文化の創造、平和・共生思想の実践という五つの理念を柱とした「沖縄国際平和創造の杜」構想の一環として、沖縄県

（大田昌秀知事）が、沖縄戦終結50周年を記念して平和祈念公園内に建てた、沖縄戦全戦没者の名前を刻んだ記念碑です（第 1 講扉写真参照）。

　太平洋を臨む扇形の敷地に、三つ折りまたは五つ折り刻銘碑114基（高さ1.5m、1184面）が屏風状に連なり、半円を描いています。扇の要にあたる中央は平和の広場と呼ばれ、米軍が最初に上陸した慶良間諸島の阿嘉島（座間味村）で採火した火と広島・長崎の火を合わせた平和の火が灯されています。平和の広場に伸びるメイン通路は、「慰霊の日」当日の日の出の方向に向かっており、その全景は「鉄の暴風の波濤が、平和の波となって、わだつみに折り返していく」さまを表したといわれます。

　刻銘碑には沖縄戦の戦死者の氏名が、母国語で国別・県別に刻まれています。ここでの沖縄戦は、米軍が慶良間諸島に上陸した1945年 3 月26日から降伏文書に調印した 9 月 7 日まで、戦没場所は沖縄県の区域内とされています。ただし、沖縄県出身者には「満州事変に始まる15年戦争の期間中に、県内外において戦争が原因で死亡し」た者も含まれています。

　Ａ・Ｂの区画には沖縄県出身者の氏名が市町村・字別に五十音順で、Ｃの区画には県外出身軍属・軍人の氏名が都道府県（北海道は支庁）ごと五十音順で、Ｄの区画には米国・大韓民国など外国出身者の氏名が国ごとにアルファベット順・ハングル順などで刻銘されています。また、墓石を思わせる黒色御影石の刻銘碑の間には、沖縄の墓地に植えられることが多く、人の涙で育つといわれるクワデーサー（モモタマナ）という木が植えられています。

　刻銘碑には、新たに確認された戦没者の氏名が、毎年刻銘されています[18]。このことは、沖縄戦がまだ終わっていないこと、いまだ犠牲者数が確定していない戦争であることを物語ります。

　平和の礎の特徴は、沖縄戦で亡くなった戦没者の氏名が、敵・味

方、軍人軍属・民間人、加害者・被害者、国籍といった区別なく刻銘されていることです。こうした国籍・軍籍にもとづかない「死の前の平等性」を刻銘基準とした平和の礎は、「自国の軍人軍属のみを対象とするという『顕彰』の論理を否定し、悲惨な沖縄戦の記憶を静かだが強烈な平和のメッセージにつなげた」追悼施設と高い評価を受けました。

　しかし、こうした国籍・軍籍の区別なく戦死者の氏名を刻むことは、一方では加害者と被害者が同列に扱われることになり、加害者である戦争指導者の戦争責任が不問にされ、戦争の本質を覆い隠すことになるという批判があることにも留意すべきかと思います。たしかに、牛島満は鹿児島県の「ウ」の列に、長勇は福岡県の「チ」の列に、ひっそりと埋もれるように刻銘されています。配列で見るかぎり、「最後まで戦い抜け」と死への絶対命令を下した司令官の責任は見えてきません。

　さて、時間の制約があると思いますが、学校所在地や生徒の出身県の刻銘碑（Cの区画）だけでなく、A・BやDの区画の刻銘碑も見せてください。

　A・Bの区画では、沖縄県出身者の氏名が字・家族ごとに刻銘されているため、同じ姓の名前が戸主から妻子・兄弟・親戚へと続きます[19]。ですが、突然○○の妻、○○の子、○○の長男、○○の娘という刻銘に出会う場合があります。こうした名前のない刻銘者は329人を数えるといいます。その理由としては、地上戦の混乱のなかで戸籍が焼失したことが考えられますが、ほかにも理由はないのでしょうか。例えば、生まれたばかりの子ども、名前を付けてもらえる間もなく亡くなった子どもは、どのような扱いを受けているのでしょうか。

　Dの区画では、刻銘碑には数千人分の名前を刻める空白の壁が残っています。朝鮮半島から連行された軍夫や「慰安婦」の人数は約

１万2000人といわれますが、刻銘者の人数は446人にすぎず、全員が男性といわれます。なぜでしょうか。

　「慰霊の日」の前後には、沖縄県各地から遺族を中心に数多くの人びとが集まります。戦没者が亡くなった場所やその遺骨さえも不明な遺族にとって、平和の礎に刻銘されている名前は、生きた痕跡を確認する場所になっています。

　沖縄戦を知らない若い世代が、平和の礎にどのような視点で臨むのか。その第一歩が平和の礎の刻銘を読み解くことであると思います。

各府県の慰霊碑

　平和の礎に続いては、各府県の慰霊碑が建立されている摩文仁の丘に足を運んでください。32府県の慰霊碑が建立されています[20]。

　資料５ (p.112) は、摩文仁の丘に建立されている32府県の慰霊碑について、建設年、碑名、碑文における戦争の呼称、碑文内容、改修・移転年、石材について整理したものです。

　建設年については、1962年の秋田県慰霊碑「千秋の塔」から1968年の「宮城之塔」まで、30府県の慰霊碑が1960年代に建立されていることがわかります。1960年代は、沖縄県に各府県の慰霊碑が集中的に建立された時期でした。この時期沖縄県内に建立された73基のうち、他府県の慰霊碑が42基（58％）をしめ、そのうち32府県の慰霊碑が碑文内容のＡ型・Ｂ型である「戦争戦死の肯定賛美調」のものといわれます。

　碑文における戦争の呼称は、太平洋戦争が最も多く11府県、ついで第二次世界大戦・大東亜戦争・沖縄戦（沖縄戦線・沖縄決戦）がそれぞれ５県、「明記せず」が４県、その他（過ぐる戦争／たたかひ／すぎし日の大戦）が３県です。この傾向は、摩文仁の丘以外の場に建立された都道府県慰霊碑も同様のようです。

　各府県の慰霊碑を見学する中で、注目して欲しいことは、慰霊碑の形状と銘文です。

　慰霊碑の形状では、故郷を思い起こさせるようなさまざまな意匠が凝らされています。平和の広場から摩文仁の丘に向かう時、最初に眼にする青森県「みちのくの塔」の案内碑はリンゴの形をしていますし、千葉県「房総之塔」の表面には県花である菜の花が描かれています。各府県の慰霊碑の形状がどのようなものか、これは急ぎ足でも確認できるので調べてみるといいでしょう。

　一方、碑文については、形状の調査よりは時間がかかりますが、まずは、学校所在地府県の慰霊碑の銘文を調べさせてください。私が初めて摩文仁の丘で各府県の慰霊碑の銘文を見た時、もっとも驚いたのが、「三重の塔」の碑文の1行目の次の文章でした。

　「嗚呼　国破れて山河あり　人は逝きてその名をのこす」

　伊賀出身の松尾芭蕉による『奥の細道』の一節と絡めての銘文です。しかし、「国破れて山河なし」で「その名をのこす」ことすらできなかったのが、沖縄戦だったのではないでしょうか。

　摩文仁の丘には、府県慰霊碑のほかにも、さまざまな慰霊碑や塔があります。「黎明之塔」と呼ばれる牛島満と長勇を祀る塔もその一つです[21]。その手前には、牛島の出身地である鹿児島県慰霊碑「安らかに」があります。牛島を見守るように建てられた慰霊碑に詠まれた「安らかに」は、誰に対しての言葉でしょうか。

【注】────────────────────────────

※17　摩文仁の丘の風景の変遷については、『死者たちの戦後誌─沖縄戦跡をめぐる人びとの記憶』に詳しく記述されています。

※18　平和の礎が除幕された1995年6月の刻銘碑に刻銘された人数は23万4183人で、出身地域別内訳は、日本が22万17人（沖縄県が14万7110人、県外が7万2907人）、外国は1万4166人（米国が1万4005人、朝鮮民主主義人民共和国が82人、大韓民国が51人、台湾が28人）でした。毎年追加刻銘され、2022年（6月20日現在）は新たに55人が追加刻銘され、総数は24万1686人となりました。

※19　沖縄出身者の刻銘碑には、女性の名前として台所名や動物名と同じカタカナ表示
　　　の名前が確認できます。沖縄独特の名前文化は出稼ぎ先で差別の遠因にもなり、
　　　改名の対象になったといいます。名前の付け方から当時の沖縄女性の地位が想像
　　　できます（屋嘉比収「戦没者の追悼と"平和の礎"」〔『季刊戦争責任研究』第35号、
　　　2002年〕）。

※20　摩文仁の丘には、1976年の「新潟の塔」まで31基の府県慰霊碑が建立されました。
　　　1994年、浦添城跡に建立されていた愛知県慰霊碑「愛國知祖之塔」が摩文仁の
　　　丘に移転したため、現在は32府県です。他の都道府県の慰霊碑は、糸満市米須（北
　　　海道・奈良・和歌山・鳥取・島根・広島・香川・大分・宮崎）、糸満市真栄里（山
　　　形）、糸満市山城（東京都）、八重瀬町具志頭（山梨・高知）、宜野湾市嘉数（京都府）
　　　に建立されています（『沖縄の慰霊碑・塔』）。

※21　1952年に建立した塔を建て替えた際に、碑銘を揮毫（1962年秋）したのは吉田茂
　　　です。例年 6 月23日未明、沖縄に駐在する陸上自衛隊第15旅団幹部が「黎明之塔」
　　　を参拝しますが、2022年の参拝は確認されませんでした。

（3）　沖縄戦の記憶

博物館の戦争展示

　沖縄戦の記憶は、博物館における展示でも再現されます。まず、博物館を見学する時に留意して欲しいことが二つあります。

　一つは、博物館の展示は、さまざまな目的のもとに設置された施設における設置者が作りあげた視覚的作品であり、透明で中立的・客観的な展示は存在しないということです。とりわけ日本の博物館の展示は、日本国民が共有する物語（ナショナル・ヒストリー）の枠組みを前提としていますから、沖縄は北海道などとともに枠組みの内部に位置づけられ、枠組みの内部の差異はほとんど意識されないことが多いです。言い換えるならば、沖縄を他者として、外から眺める視点が欠如しているということです。

　もう一つは、展示されている資料は、博物館の設置者が、資料が有する固有の場から切り離し、新たに意味づけをして構成し、展示空間という場のなかで再現したものであるということです。

　ですから、沖縄戦に関する展示を見る時には本土／沖縄という差異が意識されているかに加え、沖縄の人びとのなかでの差異も意識しているのかに留意し、展示されている個々の資料を、展示者が発信する物語（ストーリー）に寄り添って読み解くのではなく、資料の背後にある歴史的な文脈をふまえ、自分自身の眼で読み解くことが求められます。展示を見る側の展示品に対する正確な知識が不可欠となり、そのために事前学習としての沖縄戦の学習が重要となるのです。

　沖縄戦の記憶を学ぶにあたり、私が是非とも訪れて欲しいと思う博物館は、沖縄県平和祈念資料館、ひめゆり平和祈念資料館、対馬丸記念館の三館です。

沖縄県平和祈念資料館

　沖縄県平和祈念資料館は、沖縄県立平和資料館（旧資料館）を移転改築し、2004年4月に開館した博物館です[22]。「沖縄戦の悲惨な体験をメインにして明治から米軍支配時代の沖縄まで歴史的に理解できる」展示と「児童生徒の平和学習に対応できる」プロセス展示室が中心です（『沖縄県平和祈念資料館　総合案内』）。

　新資料館の開館準備中に、沖縄戦のガマを再現した実寸大レプリカ展示において、日本軍の歩哨兵が住民に向け持っていた銃が監修委員の許可なく撤去されるなど展示が変更されたことが明らかになりました。沖縄戦の悲惨さや日本軍の残虐さを隠ぺいしようとする行政の姿勢には、批判が寄せられました。

　資料館では、沖縄戦と沖縄住民がどのように描かれ、展示されているかについて注目しながら見学してください。

ひめゆり平和祈念資料館

　「ひめゆり」は、沖縄師範学校女子部（女師）と県立第一高等女学校（一高女）という二つの学校の愛称です。校友会誌の名称（それぞれ「白百合」と「乙姫」）に由来します。二校は併設校とされ、同じ校舎に約1150人の生徒が学び、校歌も一つ、学校行事も一緒に行っていました。沖縄唯一の淡水プールは生徒たちの自慢であったといいます。

　1945年3月23日深夜、女師・一高女の寮生全員と自宅通学の生徒の計222人と教員18人が南風原にある沖縄陸軍病院に看護要員として動員されました。その他の生徒も他の部隊に動員され、負傷兵の看護や死体埋葬、医療器具・薬品・食糧・水の運搬などに従事しました。6月18日に陸軍病院の学徒隊に解散命令が下されましたが、米軍の包囲網のなか投降は許されなかったため、多くの犠牲者を生

みました。沖縄陸軍病院に動員された240人中136人、その他の部隊でも91人、学徒・教職員併せて227人が亡くなりました。

　ひめゆり平和祈念資料館は、戦後「ひめゆり学徒隊」と称されるようになった女師・一高女生の戦争体験を伝える博物館です[※23]。ひめゆり同窓会が、1989年の「慰霊の日」に、沖縄陸軍病院が入っていたガマ（米軍の攻撃で約80人が亡くなり、半数がひめゆり学徒隊）の上に建てられたひめゆりの塔の傍らに開館しました。

　2004年、「当事者が語れなくなっても伝わるように」とリニューアルされ、2021年には、「戦争からさらに遠くなった世代へ」をテーマに、17年ぶりに2回目のリニューアルが行われました。リニューアルには、資料館館長をはじめ戦後生まれの職員がかかわり、イメージしづらい動員の状況や陸軍病院での仕事内容は、イラストを活用してわかりやすく表現されました。

　私もコロナ禍の合間をぬって、リニューアルされた展示室を見学しました。展示室の入り口では、緑が映える並木の下を校門に向かい語りあう生徒の通学風景を描いたカラフルな絵が迎えてくれました。旧展示では資料館の設立理念が掲げられていたコーナーでしたので、斬新な印象を受けました。

　第一展示室「ひめゆりの学校」では、沖縄戦の前後に陣地構築作業や食糧確保のための農作業、看護教育など軍事色が強まる生活の一方で、学校行事・儀式や部活動、学生寮の窓際で笑顔を浮かべる生徒の穏やかな日常を撮った写真が目を引きました。また、動員後を伝える第二展示室「ひめゆりの戦場」では、兵士の遺体の埋葬や軍医の手術を手伝う様子など、前線と銃後が一体化した沖縄戦におけるひめゆり学徒の献身的な姿がカラーイラストで描かれています。

　続く第三展示室は、「ひめゆりの証言」、第四展示室は227人の写真・名前を掲げた「鎮魂」、第五・第六展示室は「ひめゆりの戦後」「平和への広場・展示室」となっています（『ひめゆり平和祈念資料館

ブックレット』)。

　ひめゆり平和祈念資料館の入館者数は減少傾向にあるとのことです。ピークだった1999年度の約100万人に対し、2019年度は半数以下の約49万人、2021年度は新型コロナの影響も受け約 9 万人にとどまったといいます[24]。ひめゆり学徒と同世代の高校生にはぜひともお勧めしたい博物館です。

対馬丸記念館

　対馬丸記念館は、沖縄から本土に疎開する学童らを乗せた対馬丸が撃沈された事件（対馬丸事件）[25]から60年後の2004年に、全額国庫補助で建設され、那覇市に開館した博物館です。

　本土の学童集団疎開は、本土空襲が迫る1944年 6 月30日、政府が学童疎開促進要綱を閣議決定して始まりました[26]。

　しかし、沖縄の学童疎開はこの閣議決定を直接受けたものではありません。サイパン島が陥落した 7 月 7 日に決定された「小笠原・沖縄島民の引揚げ」にもとづくものです。疎開対象児童は、原則として 3 年生から 6 年生の男子に限られ（希望すれば 1 ・ 2 年生も許可され、実際には対象外の高等科生徒や女生徒も多数疎開)、学童の経費は沖縄県が負担し、疎開先は政府の指示により、宮崎・熊本・大分の九州 3 県とされました。

　1 階の展示室には、学童の遺影や遺品が展示されていますが、犠牲者の多さ（氏名判明者784人）に比べ、遺影（352枚）・遺品（401点、2021年度時点）が非常に少ないことがわかります[27]。これは、10・10空襲や沖縄戦により疎開学童だけでなく、その家族の生きた証が焼失・消滅してしまったことを意味します（『対馬丸記念館　公式ガイドブック』）。

　高校の修学旅行の場合、班別学習・自主研修という名で国際通りを散策させることが多いですが[28]、近くの対馬丸記念館にも足を

運んでください。

　ところで、対馬丸記念館の見学を通して考えて欲しいことは、疎開学童たちが靖国神社に合祀されているということです。疎開が軍命によるもので、学童は準軍属とみなされたからです[29]。

　靖国神社合祀問題というと、東条英機らA級戦犯の合祀、旧植民地出身者やキリスト教信仰者の合祀取り下げなどが注目されますが、疎開学童が「英霊」として靖国神社に祀られていることの意味は何なのか、集団自決をした／強いられた人びとの靖国神社合祀とともに考えて欲しいと思います。

"終わらぬ沖縄戦"

　第1講では、沖縄という場から、沖縄戦を中心にアジア・太平洋戦争を問い直してみました。最後に考えて欲しいことは、私たちが沖縄で眼にする風景は、沖縄戦から77年が過ぎた現在のものであり、その風景の下には今なお多くの遺骨と不発弾が眠っているということです。

　沖縄戦のさなか、日本兵を含む多くの沖縄の人びとがガマの中で息絶えた沖縄では、近年も年に100から200柱ほどの遺骨が地中から発見されており、約2700柱余りの遺骨がまだ地中に眠ったままです（2022年3月末現在）。

　沖縄には、「ガマフヤー」——沖縄の言葉で「ガマを掘る人」——と呼ばれる遺骨収集を続けているボランティアが何人もおります。こうした方々により発見された骨は、生きていた年月より、死者・遺骨として沖縄の地中に存在していた年月の方がはるかに長いのです。平和祈念公園にある遺骨の仮安置所には、身元がわからない遺骨が収められています。国の委託を受けた沖縄県が1年間保管したのちに焼骨し、納骨堂に移されているそうです。

　一方、艦砲射撃や空襲などで約20万トンの砲弾が降り注いだ沖縄

には、現在もなお約1900トンの不発弾が地中などに眠っていると
いわれます。2021年度に処理した重量は10年前のほぼ半分の約11
トンで、不発弾処理にはあと80年近くかかるといわれています。

　「沖縄はどこもが激戦地」で沖縄戦はまだ終わっていません。その
ような想いで沖縄に足を運び、「空間に刻まれたテキスト」である沖
縄の風景を読み解いてください。

【注】

※22　旧資料館は、沖縄県・戦没者慰霊奉賛会の運営管理により、1975年6月にオー
　　　プンしました。しかし「軍人遺品館」のような展示内容に批判が高まり、展示内
　　　容が「軍中心から県民中心」へと改善されました。その後、平和の礎を建立した
　　　大田昌秀知事の時代に、建物の老朽化による建て替えや展示の充実を目的に、新
　　　資料館の建設が決定し、稲嶺惠一知事の時に開館しました。
※23　「ひめゆり」の名は戦後まもなく小説や映画で描かれ全国に知られるようになり
　　　ました。ひめゆり学徒隊のほかに、白梅（県立第二高女）・なごらん（県立第三
　　　高女）・瑞泉（県立首里高女）・積徳（私立沖縄積徳高女）・梯梧（私立昭和高女）・
　　　宮古高女（県立宮古高女）・八重山高女（県立八重山高女）・八重農女子（県立八
　　　重山農学校）の女子学徒隊が結成されました。
※24　コロナ禍では、体験者の証言や写真を活用したオンラインでの平和講話、体験者
　　　と制作した絵を読み解く「絵で見るひめゆりの証言」、展示室を紹介する「オン
　　　ライン展示ガイドツアー」などが実施されました。ひめゆり学徒の語り部による
　　　講話はすでに2015年3月に終了し、開館時に27人だった証言員は現在は4人に
　　　まで減っています（2022年6月時点）。
※25　1944年8月21日、本土に疎開する那覇市内の国民学校8校の学童ら1788人を乗
　　　せ、他の2隻の疎開船とともに那覇港を出港した対馬丸（1914年に日本郵船が建
　　　造した船を、1943年10月から日本軍が使用）が、22日午後10時すぎ、鹿児島県ト
　　　カラ列島の悪石島付近で、米潜水艦ボーフィン号の魚雷攻撃で沈められ、学童784
　　　人を含む1484人が死亡（氏名が判明している犠牲者数で、実数は不明）した事件
　　　です。事件については箝口令が敷かれていましたので、戦後も長く実態が明るみ
　　　に出ませんでした。対馬丸記念館のホームページには「対馬丸に関する確かなデー
　　　タは一つもありません」「当時は細部にわたる被害実態調査がされませんでし
　　　た。このことも対馬丸撃沈事件の本質として、ぜひ語っていただけたらと存じま
　　　す」と記されています。1997年に遺族らの要望を受け、政府が船体の捜索を決定
　　　し、水深870mの海底で「対馬丸」と記された船体が発見されましたが、腐食が
　　　激しく政府は引き揚げを断念しました。
※26　疎開とは、本来は歩兵部隊が前進中に部隊間の間隔を開けることで、敵の攻撃に
　　　よる被害を最小限に抑える戦闘方式をさす軍事用語です。1943年9月以降、○○
　　　疎開という用語が公文書や新聞に頻繁に登場しました。大都市から軍需工場を疎
　　　開させる生産疎開、都市密集地の建物を取り壊して空白地帯を作り、消火活動を

容易にする建物疎開、老人や子どもを移動させ、人的被害を最小限にとどめる、人的資源を温存する人口疎開です（三國一朗『戦中用語集』岩波新書、1985年）。

　小中学校社会科教科書では、戦時下の少国民の暮らしのなかで、縁故疎開や学童集団疎開が説明されていますが、健常児の疎開が中心です。肢体不自由児の学校（東京都世田谷区光明国民学校、現都立光明特別支援学校）の現地疎開（校内に防空壕を新設）など、非健常児（障がい児）の疎開に関する記述はありません。

※27　2022年6月の時点では、遺影3枚・遺品3点が新たに追加され、遺影（4人）の苗字訂正が行われました（6月22日、対馬丸記念館における聞き取り調査）。

※28　那覇市の中心街、県庁前から安里三差路までの約1.6kmの繁華街です。戦前は湿地が広がる郊外の県道でしたが、1953・1954年に改修されて一大繁華街となり「奇跡の1マイル」と呼ばれるようになりました。名称は当時通りに面していた国際劇場（アーニーパイル国際劇場）からきています。

※29　1966年10月7日、疎開が軍命によるもので、軍艦の誘導・護衛があったことなど、国策に協力し犠牲者となったとして合祀されました。軍の足手まといになる、沖縄本島の食糧不足を軽減するなどの理由で島外へ疎開を命じられた学童が準軍属とされたのです。靖国合祀の背景には、学童の遺族が靖国合祀を強く望んだことも挙げられます。

第 2 講

広島・長崎

原爆ドーム (japs/PIXTA)

正式名称は「広島平和記念碑（原爆ドーム）」です。

（1）　原爆投下

"death fell from the sky"

Seventy-one years ago, on a bright cloudless morning, death fell from the sky and the world was changed.

　　71年前、雲一つない明るい朝、空から死が落ちてきて、世界は変わった。

これは、2016年5月27日、現職のアメリカ大統領として初めて被爆地広島を訪れたオバマ大統領の演説の冒頭部分です。

オバマ大統領は "death fell from the sky" と述べました。しかし、死は空から自然に落ちて来るものなのでしょうか。

「ピカは人が落とさにゃ、落ちてこん」。これは、「原爆の図」を妻の俊と共同制作した丸木位里の母であるスマの言葉です。原爆を落とした主体は、必ず存在するのです[※1]。

新聞報道によりますと、オバマ大統領は、1時間足らずの平和公園滞在中に、広島平和記念資料館（原爆資料館）を約10分間視察、原爆死没者慰霊碑に献花し黙禱を捧げ、慰霊碑前で17分にも及ぶ演説を行ったのち、被爆者代表と面会しました。

資料6（p.115）は、5月28日付『読売新聞』です。オバマ大統領と握手しているのは、日本原水爆被害者団体協議会（被団協）代表委員の坪井直さんです。坪井さんは、広島工業専門学校（現広島大学工学部）の学生であった20歳の時に爆心地から1.2kmで被爆、大やけどを負いながら奇跡的に助かりました。戦後は中学校の数学教師となり、生徒から「ピカドン先生」といわれたそうです（2021年10月24日96歳で亡くなりました）。一方、オバマ大統領が抱き寄せている方は、広島で被爆死した米兵捕虜を独自に調査した森重昭さんです[※2]。

第2講では、広島・長崎の原爆投下を、原爆の記憶と模擬原爆投

下訓練と関わらせながら考えてみたいと思います。

原爆投下目標都市

　資料7（p.115）は、広島・長崎の原爆投下までの流れを整理した年表です。

　アメリカが日本を原爆投下の目標として検討し始めたのは、ドイツ降伏の2年前、1943年5月5日といわれます。ドイツに対する使用の可能性も検討されていましたが、原爆開発問題を管理する軍事政策委員会で、トラック島に集結している日本艦隊を最初の目標とする意見が大勢を占めました。理由は、ドイツに原爆投下を行った場合に、何らかの形での報復攻撃がイギリスに対して行われる可能性があった、ソ連に対する威嚇として日本に原爆を使う利点があったためといわれています（『核の戦後史』）。

　そして、1944年9月18日、アメリカのローズヴェルト大統領とイギリスのチャーチル首相が、ローズベルトの私邸があったニューヨーク州のハイド・パークで会談し、ソ連に秘密のまま覚書を交わし、原爆が使用可能になった時には、「日本に対してこれを使用する」ことが話し合われたのです。

　この覚書で注目したいのは、「日本に対しては、降伏するまでこの爆弾が繰り返される旨を警告すべき」という一節です。複数回の原爆投下が予定されていたことになります。

　1945年4月27日に開かれた第1回目標選定委員会では、東京と長崎間に位置する都市のなかから、広島、八幡、横浜など17か所が検討されましたが、具体的な選定に至りませんでした。

　原爆投下目標都市の選定基準は、①日本人の抗戦意志を挫折させるような場所、②軍事的な性格を多分にもっている場所、③原爆の効果を正確につかめるよう、まだ被害を受けていない場所、④最初の目標は爆弾の威力をより限定的に決定できるような程度の広さが

あることとされました。

　5月10日、第2回目標選定委員会が開かれ、目標都市は、①直径3マイル（4.8km）以上の大都市地域にある重要目標であること、②爆風によって効果的な損害を与えられること、③原爆の威力を正確につかめるよう8月までに通常の爆撃を受ける可能性がないことの3条件を満たす都市とされました。そして、候補都市として、京都（AA級目標）、広島（AA級）、横浜（A級）小倉（A級）、新潟（B級）の五つが示されました。

　あわせて、①日本にとって不利となる最大の心理的効果を挙げる、②この兵器を初めて使用するさいには劇的なものとする、③兵器の重要性が国際的に認識されるようにするという「心理的要因」から、住民の知的レベルが高く、この兵器の意義を正しく認識する能力が高い京都と、広域にわたって破壊しうる規模の広さをもち、付近に丘陵地があるため爆風の収束作用が得られる広島が「有利」であることが確認されました。

　一方、宮城（皇居と改められるのは1948年）は、「他のいかなる目標にもまして有名であるが、戦略的価値は最も小さい」ということで目標都市として「勧告」されませんでした。

　5月28日、第3回目標選定委員会が開かれ、京都、広島、新潟が目標都市となり（のちに小倉が追加）、占領政策に利用する可能性がある横浜が除外され、翌日、横浜は大空襲を受けました。さらに6月30日、京都、広島、小倉、新潟は通常爆撃（空襲）が禁止されました。

　ここで注目して欲しいことは、原爆投下目標都市の第一候補は常に京都であり、この時点では長崎は候補にもなっていないということです。ところが、7月23日頃、京都が除外され、広島が第一候補となり、長崎が新たに候補地に加わります。

　7月24日、次のような原爆投下作戦計画が策定されました。

（1）最初の爆弾（砲身型）は準備が完了（8月1日〜10日）した
　　のちの最初の好天日に投下する。
（2）目標は広島、小倉、新潟、長崎。
　　①広島（人口35万）——陸軍の都市、主要船舶の積み出し港。
　　　大規模な兵站・補給施設、かなりの規模の工業、小規模な
　　　造船所がある。
　　②長崎（人口21万）——九州の海運・工業の中心地。
　　③小倉（人口17万8000）——最大の陸軍兵器廠・軍需品工場、
　　　九州で最大の鉄道工場がある。南方に大規模な軍需物資保
　　　管施設がある。
　　④新潟（人口15万）——工作機械、ディーゼル・エンジン等
　　　を製造する重要工業都市、本州にとっての主要海運港であ
　　　る。
（3）4市いずれも、破壊された大都市から避難してきた日本の
　　重要な実業家や政治家が多数いると考えられる。
（4）攻撃は、精確を期するために有視界攻撃とし、好天を待っ
　　て行う計画になっている。4目標は互いにかなり離れてい
　　るので、天候が予報と異なる場合でも、そのうちの一つは
　　見通しがよい可能性が高い。
（5）爆弾は主戦機1機が運び、これに観測員および特殊機器を
　　載せた他の計画専用機（B29）2機が随航する。
　7月25日、トルーマン大統領の署名がないまま、「原爆投下指令」
が出されます。
　　　1　第20航空軍第509混成航空群は、1945年8月3日ごろ以降
　　　において有視界爆撃が可能な天候になり次第、広島、小倉、
　　　新潟、長崎のいずれかを目標として、最初の特殊爆弾を投
　　　下する。爆弾の爆発効果を観測・記録する陸軍省の武官お
　　　よび文官の科学要員を運ぶため、特別の攻撃機が爆弾搭載

機に随航する。観測機は、爆発点から数マイルの距離を保つ。

2 追加分の爆弾は、計画担当者による準備が整い次第、前記の目標に対して投下される。前記以外の目標に関しては、あらためて指示を発する。

3 日本に対するこの兵器の使用に関するいっさいの情報の公表は、陸軍長官ならびに米国大統領に委ねられる（『資料マンハッタン計画』）。

第509混成航空群は、原爆投下を目的として特設された部隊です。「追加分の爆弾」という言葉に注目してください。

ポツダム宣言[※3]発表の前日に、ポツダム宣言の受諾に関係なく、原爆を複数回投下することが初めから決まっていたことになります。

ウォーナー伝説

ところで、なぜ京都は、原爆投下目標都市から除外されたのでしょうか。この疑問に関しては、ハーバード大学附属フォッグ美術館東洋部長であったランドン・ウォーナーが、京都・奈良など古都の文化財を守るため、保護すべき文化財のリスト（ウォーナーリスト）を作成し、文化財を爆撃しないように軍部に働きかけた結果であると永年言われていました。いわゆるウォーナー伝説です[※4]。

1923年からハーバード大学で教鞭をとっていたウォーナーは、日本文化に造詣が深い学者でした。戦前2回来日し、最初（1907年〜1909年）は岡倉天心のもとで横山大観・下村観山・菱田春草らとともに日本美術を学び、2度目（1931年）は奈良で仏像彫刻を学んだといいます。

1943年8月、ウォーナーは、連合国占領地域での文化財の保護と略奪された文化財の返還・弁償を目的に結成された「戦争地域にお

ける美術的歴史的遺跡の保護・救済に関するアメリカ委員会」の委員に就任します。任務は、連合国の占領地域で枢軸国に略奪された文化財を発見した時、それがどの美術館から略奪されたもので、どこの国に返還すべきものか、あるいは、文化財の返還や弁償に対しどのような「等価値」の文化財があるのかについて調べ、リストを作成することでした。

　日本・中国・朝鮮・タイを担当したウォーナーは、京都や奈良をはじめ日本のおもな文化施設と文化財151か所を一覧表にまとめたリスト（『陸軍動員部隊便覧　民事ハンドブック　日本　17 A：文化施設』）を、1945年 5 月に作成しました。日本の文化財に戦火が及ぶのを防止するためでなく、日本が略奪した文化財の返還（とそれに代わる弁償）に備え作成したのです。

　それでは、なぜ京都は原爆投下目標都市から除外されたのでしょうか。この点に関して、原爆問題の実質的な最高責任者であったスチムソン陸軍長官は、日記（ 7 月24日）に、次のように記しています。

　　私は大統領に対し、提案されている目標のなかの一つを除外すべきであると私が考える理由を再び述べた（中略）。私が、もし除外しない場合には、そのようなむちゃな行為は反感を招き、戦後、長期にわたってその地域で日本人に、ロシア人に対してではなく、むしろわれわれに対して友好的な感情をもたせることが不可能になるのではないか、と提言したところ、大統領は、とくに力をこめてこれに賛同した（『資料　マンハッタン計画』）。

　新婚旅行で京都を訪れたこともあるスチムソンは、京都に原爆を投下することが日本人にとってどのような意味を持つかを知っていました。この考えにトルーマン大統領も賛同します。

　 2 人とも、戦後の占領政策をも視野に入れた時、親米的な日本をつくるためには、京都に原爆を投下することは得策ではないと判断したことがうかがえます。京都が除外された理由は、文化財の保護

ではなく、戦後の日米関係のためだったのです。

　政治的判断により、京都は原爆投下目標都市から除外されましたが、もし京都に原爆を投下する場合、目視で原爆が投下できる照準点はどこに設定されたのでしょうか。

　資料8（p.117）は、京都に原爆が投下された時の照準点などを示したものです。

　標準点は、京都駅から西へ約1.5km、東海道本線と山陰本線とが交差する地点にある国鉄梅小路機関区のランドハウス（扇形車庫）が想定されていたようです。直径3マイルのなかには、平安京の正門である羅城門、東本願寺、西本願寺があります。もしここに原爆が投下されていたとすれば、現在、われわれが目にする京都の風景は、どのようなものになっていたのでしょうか。

広島の原爆投下

　8月2日、原爆投下命令が出されました。第1目標広島市、予備第2目標小倉、予備第3目標長崎です。

　第509混成航空群が置かれたテニアンは、日本が南洋群島の委任統治を始めた当時は無人島でした。やがて、北の満鉄（南満州鉄道株式会社）とならび称された国策会社の南洋興発（南興）による製糖事業により、広大なサトウキビ畑が開墾されました。労働力となったのは沖縄からの移民で、人口の約6割を沖縄県人が占めました。このため、アメリカ軍がテニアンに上陸し、日本軍が壊滅するまでの約10日間の戦闘は、"もう一つの沖縄戦"と呼ばれています。

　原爆投下機"エノラ・ゲイ"がテニアンから離陸する前、3機の天候観測機が飛びたちました。目視による原爆投下が可能かどうか判断するためです。もしあの日、広島が快晴でなかったならば、小倉（天候は不良）か長崎（天候は良好）に原爆が投下されていたことでしょう。

　8時15分、投下目標である相生橋の約1万m上空からウラン爆弾
"リトル・ボーイ"が投下され、相生橋から約300m離れた現在の島
内科医院上空600mで炸裂しました。世界で最初の原子爆弾が投下
されたのです。太田川（本川）から元安川が分岐する地点にかかる
Ｔ字形の相生橋が照準点とされたのは、「完全な破壊」を示すために、
軍需工場ではなく、都市の中心部に投下することが決められていた
からです。原爆の威力は、一緒に広島に向かった科学（爆弾）観測
機や写真撮影機によって記録されました。

　原爆を投下してから16時間後、トルーマン大統領が原子爆弾に関
する声明を発表しました。しかし、7日午後3時30分に出された日
本の大本営の発表は、敵は「攻撃に新型爆弾を使用せるものの如き
も、詳細目下調査中なり」というものでした。原爆のことは国民に
伏せられたのです。

　なぜ、アメリカは原爆を使用したのでしょうか。9日に出された
ポツダム会談報告のなかで、トルーマン大統領は、次のように述べ
ています。

　　　われわれは、爆弾を手に入れ、それを使用しました。われわ
　　れは、予告なしにパールハーバーでわれわれを攻撃した者たち
　　に対し、また、米国人捕虜を餓死させ、殴打し、処刑した者た
　　ちや、戦争に関する国際法規に従うふりをする態度すらもかな
　　ぐり捨てた者たちに対して原爆を使用したのであります。われ
　　われは、戦争の苦悶を早く終わらせるために、何千何万もの米
　　国青年の生命を救うためにそれを使用したのであります。われ
　　われは、日本の戦争遂行能力を完全に破壊するまで原爆をひき
　　続き使用します。日本の降伏のみがわれわれを思いとどまらせ
　　るでしょう（『資料　マンハッタン計画』）。

長崎の原爆投下

　「原爆を引き続き使用します」という一節が現実となりました。8月9日、長崎への原爆投下です。8日、原爆投下命令が出されました。目標小倉、予備第2目標長崎です。9日、天候観測機2機（小倉の観測機は"エノラ・ゲイ"）が飛び立ち、回答はともに「爆撃可能」でした。原爆投下機である"ボックス・カー"は、小倉に向かいます。

　しかし、科学観測機や写真撮影機との合流トラブルにより、投下予定時間（午前8時頃）より遅れて小倉上空に着いた時は、前日行われた八幡空襲の影響による煙や靄で上空がおおわれ、目視投下できない状況でした。投下を3回試みますが、日本軍の高射砲による対空砲火や迎撃機などもあり、小倉への投下を断念、急遽長崎に向かいました。

　長崎の投下照準点は、長崎県庁・市役所に近い賑橋・常盤橋でした。しかし、長崎上空も曇りで視界がきかず、しかも、燃料切れが予測されたため、雲の合間から目視された浦上地区松山町にプルトニウム爆弾"ファットマン"を投下、上空500mで炸裂しました[5]。午前11時2分です。原爆投下直前長崎では、ラジオで「市民は全員退避せよ」という臨時ニュースが流れましたが、投下・炸裂と同時に無音になったといいます。

　爆心地から北東約500mに位置していました浦上天主堂にも熱線と爆風が直撃しました。建物の大部分は崩れ落ち焼失、わずかに聖堂・司祭館などの堂壁を残すものの廃墟と化しました。敷地内にあった聖人像もほとんどが熱線を浴び大破しました[6]。

　投下された原爆は広島に投下された原爆の1.5倍の威力がありましたが、山に挟まれた地形のために爆風が広がらなかったこと、長崎の中心地から3km離れた地点に投下されたことから、数字上の

被害は広島より少ないものでした。12月末までの原爆投下による死亡者は、広島の半分の7万±1万人といわれています。

　この日の午前0時頃、ソ連軍が日ソ中立条約を一方的に破棄し、予定より2日早めて満州・樺太南部に進攻しました。このため、午前10時30分から開かれた最高戦争指導会議で、長崎原爆は話題にすらのぼりませんでした[7]。

　原爆投下目標都市が最初に選定された時、長崎は候補地ではありませんでした。京都が除外された結果、投下目標都市となった長崎は、9日の原爆投下においても小倉に次ぐ第2目標でした。しかも、実際に投下されたのは、潜伏キリシタンで知られる浦上地区でした。このため長崎では、原爆が投下されたのは長崎ではなく浦上だという受け止め方もあります。

　「被害」と「受難」。「怒り」と「祈り」。ともに被爆地でありながら、広島と長崎が対照的な語られ方をする背景には、こうした原爆投下に至る歴史や被爆地の特色も影響しているように思います。

唯一の戦争被爆国／国民

　オバマ大統領は、演説のなかで、Hiroshimaに来た理由を、次のように話しました。

　　Why do we come to this place, to Hiroshima? We come to ponder a terrible force unleashed in the not-so-distant past. We come to mourn the dead, including over a hundred thousand Japanese men, women and children, thousands of Koreans and a dozen Americans held prisoner.

　　なぜわれわれはこの地、広島に来るのか。それほど遠くない過去に解き放たれた恐ろしい力について考えるためだ。10万人を超える日本の男性、女性、子どもたち、数千人の朝鮮半島出身者、そして捕虜となっていた十数人の米国人を含む犠牲者を追悼するためだ[8]。

　オバマ大統領は「10万人を超える」犠牲者と述べましたが、８月６日からその年末までに亡くなった広島原爆犠牲者は、「14万人（誤差±１万人）」といわれています※9。

　アメリカでは1960年代から、原爆投下は日本に降伏させるのに必要ではなく、ソ連に対してアメリカの力を誇示し、冷戦において有利な立場に立つためだったという考え方（「修正主義学派」）も出ていますが、日本の真珠湾奇襲に対する報復であり、戦争の終結を早め、アメリカ兵士の犠牲者を減らしたとして正当化する考えが、現在でも根強いです。1995年、スミソニアン航空宇宙博物館が終戦50年に合わせ企画したエノラ・ゲイと広島・長崎の被爆資料を並べて展示する原爆展は、退役軍人らの反対で、事実上の中止に追い込まれました。これに対し、わが国では、真珠湾攻撃は軍事基地を狙った戦略爆撃であるのに対し、原爆投下は多数の市民が犠牲となった無差別爆撃だという考えが一般的です。こうした溝は、歴史事象をどのような場から、いかなる視点で捉えるかということから生まれます。歴史を問い直す難しさはここにあります。

　このように、日本とアメリカでは現在も原爆投下をめぐる考え方に溝があります。しかし、ここで一番留意して欲しいことは、原爆はそこに生存するすべての人びと――国籍、人種、民族のすべてを超えて、あらゆる人間を殺傷する凶器であること、言い換えれば人類が無差別に殺傷されたという現実です。

　このことは、政府のいう「唯一の戦争被爆国／国民」という言説が虚構に満ちたものであることを物語ります。広島・長崎の原爆では、徴用された朝鮮人・中国人、収容所にいた連合国軍捕虜、東南アジア諸国からの留学生、帰国中の日系アメリカ人なども被爆したことを改めて想起してください※10。

【注】

※1　「原爆の図　丸木美術館」（埼玉県東松山市）の前に建つ石碑にも「ピカは人が落とさにゃ、落ちてこん」と刻まれています。「原爆の図」は、丸木夫妻が実体験をもとに30年の年月を要して描いたもので、丸木美術館では第1部から14部を展示し、第15部（長崎）は長崎原爆資料館が所蔵しています。具体的な場所と会期がわかるものだけで、1950年から約4年間にわたり全国170か所で巡回展が行われ、約170万人が観覧しました（岡村幸宣『《原爆の図》全国巡回　占領下100万人が観た！』新宿書房、2015年）。
　　また、原爆死没者慰霊碑（正式名は広島平和都市記念碑）には、「安らかに眠って下さい　過ちは繰返しませぬから」と刻まれています。「過ち」を犯した主語は何でしょうか。この碑文を墨書した雑賀忠義広島大学教授が、みずから訳した英文が "we shall not repeat the evil" で、誤りを繰り返さない主語は "we"（われわれ）となっています。

※2　国民学校3年生の時に爆心地から2.5kmで被爆した森さんは、被爆死した米兵捕虜12人の調査を始め、全員の遺族を探し出した人です（森重昭『原爆で死んだ米兵秘話』光人社、2008年／潮書房光人社、2016年／光人社ＮＦ文庫、2019年）。

※3　正式名称は「アメリカ、イギリス、中華民国三国の宣言」といいます。7月17日からベルリン郊外のポツダムで開催された、ヨーロッパの戦後処理を議題とするベルリン（ポツダム）会談に参集したアメリカとイギリスが対日降伏文書の発出に同意し、もう一つの対日戦遂行国である中華民国の同意を取り付けて出した宣言です。最終的な成案が英中両国に示されたのが7月24日、ベルリン会議に参加していない蔣介石の同意を取り付けたのが7月26日でした。成案を事前に知らされていなかったソ連が、ポツダム宣言に加わるのは8月8日の参戦以降です。
　　鈴木貫太郎内閣は記者会見で「ポツダム宣言はそれに先立つカイロ宣言の焼き直しなので重要視しない。黙殺するだけ」と発言しました。「ノーコメント（論評せず）」といったニュアンスで、当時は英語の使用が禁止されていたので「黙殺」となったといわれます。これが通信社電で「イグノア（無視する）」と訳され、さらに英米の報道機関には「リジェクト（拒否する）」という表現で報道されました。

※4　ウォーナーのおかげで空襲から免れたという話は、奈良だけでなく、鎌倉、会津若松にもあり、ウォーナーの記念碑が建てられています。しかし、いずれも中小都市空襲のリストに入っており、会津若松はレーダー爆撃に不適当として除外され、奈良（人口5万7000、80位）と鎌倉（人口4万、124位）の場合は除外ではなく、人口が少なかったことが理由です（『原爆は京都に落ちるはずだった』）。また、ウォーナーにより、東京帝国大学（リストには図書館と文学部史料編纂所の書庫）や神田神保町の古書店街が空襲から免れたという話もあります。

※5　原爆投下と同時に原爆の威力・爆圧や強度・熱度などを測定する機器である、落下傘つき爆圧等計測器（ラジオゾンデ）が3個投下され、東方約11.6〜13.3kmの3地点に落下しました。落下地点周辺ではこの不意の飛来物を新型爆弾の不発弾と思い、村では半鐘を打ち鳴らして大騒ぎになったといいます。グアム島の米軍基地ではラジオゾンデの電波により、いち早く長崎市街上空における原爆の炸裂を確認したといわれます。

※6　被爆当時、松山町には約300世帯、1860人が住んでいましたが、防空壕に避難して
　　いた 9 歳の少女を除いて全員が死亡しました。現在、原爆落下中心地は公園とし
　　て整備され、三角柱状の原爆落下中心地碑を中心にした同心円模様が地面に描か
　　れ、公園内には旧浦上天主堂の残骸の一部を移した遺壁が残されています（長
　　崎文献社編集・発行『長崎游学 1　原爆被災地跡に平和を学ぶ』2004年）。原爆
　　で破壊された天主堂の遺構は戦後13年目に解体され、元の場所に再建されました。
　　もし旧天主堂が保存されていれば、「受難」の象徴となったと思われます。

※7　昭和天皇が広島の原爆投下の報告を受けたのは 6 日午後 7 時50分ですが、戦争
　　終結に向けて具体的な指示はありませんでした。「速やかに戦争を終結せしめる」
　　ことを、鈴木貫太郎首相に伝えるよう指示したのは、2 日後の 8 日午後 4 時40分
　　です。9 日午前 9 時37分、ソ連軍が満州国へ進攻を開始したという報告を受けた
　　昭和天皇は、9 時55分、木戸幸一内大臣に「戦局の収拾」に向け鈴木首相と懇談
　　するよう指示しました。10時30分から開かれた最高戦争指導会議において、ポ
　　ツダム宣言受諾について話し合われましたが、国体護持などの受諾条件をめぐる
　　ことが中心で、長崎の原爆投下は話題にのぼっていません。ポツダム宣言受諾の
　　「聖断」が下されたのは10日午前 2 時過ぎです。昭和天皇の行動を見る限り、広
　　島・長崎の原爆投下より、ソ連参戦の衝撃の方が大きかったことがうかがえます
　　（『昭和天皇実録』第九、東京書籍、2016年）。

※8　演説では、このほかに「1945 年 8 月 6 日朝の記憶を薄れさせてはいけない」「核
　　兵器保有国は、恐怖の論理にとらわれず、核兵器なき世界を追求する勇気を持た
　　なければならない」などとも言及しました。しかし、「謝罪」はありませんでした。

※9　1976年に広島・長崎の両市が国連事務総長に提出した要請書によるもので、広
　　島市の被爆前の人口推計（市民32万 7 000人＋軍人 4 万人以上）と被爆後の政府
　　の人口調査（3 か月間で市民11万人死亡）、軍人・軍属の数、広島に生活・滞在
　　していた人びと、12月末までのさらなる死者をもとに算出された推計値です。

※10　広島県は、1885年から1932年まで、のべ11万人の移民をハワイや南北アメリカ
　　大陸などに送出、その人数は道府県別で第1位でした。1935年には約 2 万人の日
　　系アメリカ人が教育上の理由から日本に渡り、広島市に約3200人の二世アメリ
　　カ人がいました。このため、日本各地の都市が空襲の被害を受けるなか、「アメ
　　リカ軍は 2 世市民への配慮から広島を攻撃しないのだ、という希望的憶測さえ囁
　　かれていた」といいます（広島市長崎市原爆災害誌編集委員会編『広島・長崎の
　　原爆災害』岩波書店、1979年）。また、広島文理科大学・広島高等師範学校（現
　　広島大学）では、「大東亜共栄圏」の将来を担う人材を育成するため、東南アジ
　　ア諸国の有力子弟20余人を「南方特別留学生」として受け入れていました。この
　　うち疎開をせず広島に残っていた 9 人の留学生が寄宿舎である興南寮や学校で被
　　爆し、マラヤ出身の 2 人が死亡したといいます（広島大学原爆死歿者慰霊行事委
　　員会編『生死の火　広島大学原爆被災誌』1975年）。元安川に架かる万代橋近く
　　の河岸に「南方特別留学生興南寮跡の碑」があります。
　　　一方、長崎市では、1 万数千人の朝鮮人をはじめ、華僑・中国人労働者、台湾
　　人の医師・学生、捕虜収容所に収容されていたオランダ・イギリス・オーストラ
　　リア兵（約650人）など数千人が被爆したといわれます（長崎市役所編『長崎原
　　爆戦災誌』第 1 巻　総説編、長崎国際文化会館、1977年）。

（2）　描かれた原爆と原爆の記憶

『図録　原爆の絵　ヒロシマを伝える』

　原爆の実相や記憶はどのように描かれたのでしょうか。本講習では、視覚に訴えることができる教材である絵や漫画から考えてみたいと思います。

　資料9（p.117）は、『図録　原爆の絵　ヒロシマを伝える』に掲載された原爆の記憶を描いた絵です[11]。

　原子爆弾の炸裂により、熱烈な爆風と熱線が発生するとともに放射線が四方に放出されました。この結果、「ピカ」と称される3000度から4000度の熱線による熱傷・やけどや火事、「ドン」と称される爆風・衝撃波による家屋倒壊により多くの方が亡くなりました。こうした惨劇から、「原爆の絵」には、迫り来る炎、川、散乱する死体のほか、川や防火用水のなかでの死体や死体を集め火葬する場面も数多く描かれています。

　右下の絵（原画はカラー）は、18歳の少年が8月6日の午前10時ころ、爆心地から約4.2kmで眼にした光景を57年後に描いた「衣服は引き裂け、皮膚はたれさがる」というタイトルがつけられた絵です。「土手の上を、ユーレイのように髪はばさばさ、衣服は引き裂け、皮膚はたれさがり、今の世の人とは思えぬ姿で、負傷者の群れが声もたてず黙々と郊外へ逃げて行く」と作者は述べています[12]。

　火傷で焼け爛れた皮膚をぶら下げて歩く女性は、後ほど紹介します『はだしのゲン』でも描かれています。また、広島平和記念資料館に展示されていた「被爆再現人形」と称されるジオラマとも結びつきます[13]。この人形は、がれきの山と化した暗い市街地をさまよう母子らしい3体の人形で、両腕を前に出しており、腕の先からは、火傷ではがれた皮膚が垂れ下がっていましたが、2019年4月の

広島平和記念資料館のリニューアルにともない撤去されました。

　一方、原爆雲とも称されるキノコ雲は爆心地から離れた地域で眼にされた光景です。左下の絵（原画はカラー）は、爆心地から10km離れた似島検疫所で19歳の少年が眼にしたものです。原爆投下後、似島は野戦病院と化し、臨時救護所となった似島検疫所には約１万人が搬送されました。先ほど紹介した坪井直さんもその一人でした。「煙の柱がぐんぐん昇り」というタイトルが付いた絵には「巨大な煙の柱が上空にぐんぐん昇り、入道雲がもくもくと重なりあいつつ大きくなり、その間からオレンジ・赤・青などの稲光りに似た光が四方に散り、異様な形を成して巨大化し、キノコ形のものになっていきました」という作者の言葉が付けられています[14]。

　「原爆の絵」に描かれた死者や情景は、生き残ったものが30年／57年後に、さまざまな想いを込めながら蘇らせた人間であり光景です。こうした死者や情景に対し生徒が自ら問いかけ、自身の感性にもとづき読み解くことを通じて、改めて原爆投下とは何かということを考えて欲しいと思います。

『はだしのゲン』

　原爆を描いた代表的な漫画としては、中沢啓治の漫画『はだしのゲン』が挙げられます。原爆で父と姉弟を奪われた小学生の中岡元（ゲン）が、生き残った母と妹を助け、原爆孤児の仲間たちと支え合って懸命に生きる姿を描いた漫画です。

　中沢啓治は６歳の時に爆心地から1.3kmの神崎国民学校で被爆し、父と姉・弟を失い、直後に生まれた妹もまもなく亡くなります。中学校卒業後、看板屋に就職し、22歳で漫画家を目指して上京。1963年のデビュー当初は原爆体験を秘していましたが、1966年の母の死への憤りをきっかけに[15]、初めて原爆を題材とした作品「黒い雨にうたれて」を発表、1973年に集英社の『週刊少年ジャンプ』

に連載を始めた自伝的作品が『はだしのゲン』です。

　資料10（p.118）は、「原爆の絵」にも描かれた情景です。中沢は「幽霊の行列」と表現しています。中沢の脳裏に焼き付いた、多くの被爆者にも共通する情景といえます。中沢が描く「黒い目の被爆者」は「すでに生気を失った」「たとえまだ生きていたとしても、もはや助からない」ことを暗示させる被爆者といわれます（『「はだしのゲン」がいた風景─マンガ・戦争・記憶』）。

　中沢の体験と原爆に対する中沢の怒りが重なり合う形で描かれたこの被爆漫画は、学校図書館に配架されたこともあって、単行本だけで650万部を超すベストセラーになり、10か国語以上で翻訳されています[16]。

　2012年、『はだしのゲン』の閲覧制限問題が起きました。『はだしのゲン』の描写が小学生には残虐すぎるから、図書館での閲覧を制限（閉架）しろというのです。私は、これは表現の自由を制限する検閲だ、『はだしのゲン』の描写のどこが問題だろうかと思いました。

　しかし、『はだしのゲン』を最後まで読んでいなかったので、この機会に全巻読了にチャレンジしました。そこで『はだしのゲン』は、途中中断をはさみながら四つの雑誌に連載され、その描写も微妙に異なることや作品は未完のままであることを初めて知りました。描写が残虐と判断されたのは、私が未読であった旧日本軍がアジアの人びとの首を切り落としたり、銃剣術の的にしたりする場面でした[17]。

　『はだしのゲン』を読了するのは大変ですが、ぜひともチャレンジしていただき、中沢がそれぞれの雑誌媒体で描いた原爆の記憶を読み解いていただきたいと思います。

『夕凪の街　桜の国』

　資料11（p.119）は、こうの史代のマンガ『夕凪の街　桜の国』です[18]。こうの史代は1968年9月に広島に生まれた、原爆も戦争も経験していない漫画家です。近年、劇場アニメ化もされた『この世界の片隅に』[19]で有名になりました。

　『夕凪の街　桜の国』は、原爆投下から10年後の広島に暮らす若い女性平野皆実とその弟の娘である七波をそれぞれ主人公とする、時代を違えた三つの短編からなります。

　このうち『夕凪の街』は、13歳で被爆しながら生き残ってしまった平野皆実のトラウマを、「原爆スラム」と称された基町を舞台に描いたものです。

　夕凪のころ「あの日の光景」が蘇ります。生き延びるために「何人見殺しにしたかわからない」という記憶と罪悪感です。これは皆実だけでなく、他の被爆生存者からも語られる言葉です。「おまえの住む　世界は　そっちでは　ない」という死者の声を耳にし、幸せから逃げ出そうとする皆実。「あれから十年／しあわせだと思うたび　美しいと思うたび／愛しかった都市のすべてを　人のすべてを思い出し／すべて失った日に　引きずり戻される」。

　やがて皆実は、放射能被爆による原爆症を発症します。この「見えない恐怖」により皆実は、「てっきりわたしは　死なずにすんだ人　かと思ったのに」、1955年9月8日（映画・小説では1958年8月25日）に亡くなります。平和公園に桜が植樹されるのは翌年ですから、「桜を見ないまま」にです。

　　十年経ったけど　原爆を落とした人はわたしを見て　「やった！　またひとり殺せた」　とちゃんと思うてくれとる？

　被爆者・死者のリアルで残酷な描写もなく、原爆・戦争に対する怒りや政治的主張も直接的には描かれていない、『はだしのゲ

ン』とは対照的なこの本を、私が最初に手にした時に最も驚いた
ことは、35ページが真っ白だったことです。印刷ミスかと思いま
したが、「あとがき」のなかで「『夕凪の街』を読んで下さった貴
方、このオチのない物語は、三五頁で貴方の心に湧いたものによっ
て、はじめて完結するものです」と書かれていました。

　原爆も戦争も経験せず、その記憶すら持ち合わせていない世代が、
自分自身の感性で『夕凪の街』を読み解き、そこで感じたこと（貴
方の心に湧いたもの）を、真っ白なページに書き込むといった学びも
重要だと感じます。

原爆の記憶—広島平和記念資料館

　広島への修学・研修旅行において、見学コースとなる広島平和記
念資料館は、平和公園の南端を通る平和大通りに面した場所にあり
ます。

　広島平和記念資料館の歴史は、1949年に広島市が資料の展示公開
を始めた原爆参考資料陳列室から始まり、被爆者の遺品や写真を展
示した本館（1955年）と歴史背景や核廃絶などの取り組みなどを展示
した東館（1994年）から構成されていました。

　2019年4月、東館（2017年）に続いて、本館のリニューアルを終
え、広島平和記念資料館が全面オープンしました。3度目となる大
規模改修は、被爆体験を次世代にわかりやすく伝えることを目的
に、被爆者の視点から原爆の悲惨さを表現する、実物資料で表現す
る、一人ひとりの被爆者や遺族の悲しみを伝えるという柱にもとづ
き行われました。このため、資料館の象徴的な展示品であった、炎
に包まれたがれきの街を、焼け焦げた衣服をまとい、やけどをした
両腕を前に突き出して歩く3体の「被爆再現人形」は、撤去されま
した。

　私も早速展示を見学しましたが、改修前と比べ展示構成が大きく

変わったなという印象を受けました。

　例えば、来館者が本館に向かう前に必ず見学する東館の「導入展示」では、中島地区の町並みのパノラマ写真をはじめとする被爆前の写真と、爆心地を中心に周囲360度を撮影した被爆後の市街地のパノラマ写真が展示され、「広島が一瞬にして壊滅した様子を目の当たりにすること」ができるようになっています。以前は、展示室の中央に大きなジオラマがあり、被害の地理的な範囲が示されるとともに、リトル・ボーイの実物大の模型が展示され、周りに遺品がおかれていました。しかし、被爆者にはリトル・ボーイは見えず、熱風・爆風・放射線が同時に襲いかかり、何が起きたのかわからなかったというのが現実です。こうした点をふまえ、「きのこ雲に下にいた『人間』、被爆者の視点で八月六日を描く」展示となりました（『広島平和記念資料館は問いかける』）。

　本館では、「八月六日のヒロシマ」と「被爆者」という二つのゾーンが新たに配置されました。「八月六日のヒロシマ」ゾーンには、爆風で曲がった鉄骨や煙突などの資料、犠牲になった学徒が身に付けていた衣服などが展示されています。一方、「被爆者」ゾーンでは、被爆死した幼児の三輪車などの遺品や犠牲者の日記・手紙・遺影や遺族の手記が並べられています。

　本館の展示で特徴的なことは、遺品と写真とともに、「原爆の絵」が多数使用されていることです[20]。モノクロの写真と鮮やかな色彩の「原爆の絵」が同時に展示され、「あの日」の記憶はより鮮明になった印象を受けました。

　広島平和記念資料館は必ず足を運んでいただきたい博物館です。もし時間の関係で十分な見学時間がない場合は、2020年12月に発行された広島平和記念資料館編『広島平和記念資料館総合図録─ヒロシマをつなぐ』をご活用ください。資料館に問い合わせていただければ、県外からでも購入できます。

長崎原爆資料館

　2017年11月、学部のゼミで 2 泊 3 日の日程で長崎巡検を行った時、2 日目に長崎原爆史跡めぐりを行いました。山里小学校被爆遺構—永井隆記念館—浦上天主堂—平和公園・原爆落下中心地公園—旧城山国民学校校舎—長崎原爆資料館—国立長崎原爆死没者追悼平和祈念館—長崎大学医学部（旧長崎医科大）—山王神社—坂本国際墓地というルートです。

　原爆ドーム、原爆死没者慰霊碑、国立広島原爆死没者追悼平和祈念館、広島平和記念資料館や爆心地、本川小学校平和資料館が広島平和記念公園内やその周辺に集中している広島と比べた時、長崎の原爆史跡は散在しているような印象を受けますが、歩きながら自分の眼で見るにはちょうどいいエリアであると感じました。被爆して一本柱となった二の鳥居が残る山王神社では、境内の 2 本のクスノキの傍で、福山雅治の「クスノキ」（2014年 4 月、アルバム「HUMAN」収録）を皆で聞きました

　巡検ルートの真ん中に位置する長崎原爆資料館は、長崎市の原爆被爆50周年記念事業の一つとして、1996年 4 月、それまで被爆資料を展示していた長崎国際文化会館を建て替えて開館したものです。被爆資料や被爆の惨状を示す写真をはじめ、原爆が投下されるに至った経過、核兵器開発の歴史などが、子どもでも理解できるようにわかりやすく展示されています[21]。標準的な見学時間は修学旅行生を想定し 1 時間に設定されているとのことです。

　長崎原爆資料館のなかで私がもっとも好きな空間は、原爆資料館の正面玄関から地下 1 階の展示室入り口までのらせん状のスロープです。2022年 5 月、久しぶりに訪問しましたが、壁面に記された2020年の現在から1945年 8 月 9 日に遡るタイムスリップは、まさに「祈りの長崎」を感じさせるものでした。展示室入り口では、原爆

投下時の11時２分を指して止まった、山王神社近くの民家の柱時計が迎えてくれます。

　また、2016年３月に国の史跡に指定された長崎原爆遺跡の一つである旧城山国民学校校舎（城山小学校平和祈念館）にも足を運んでください[22]。

　長崎への修学・研修旅行を実施する学校は、地理的・時間的・経済的な事情もあり、広島ほど多くはないと思います。その場合は、『長崎原爆資料館図録　ながさき原爆の記録』、『長崎原爆資料館　資料館見学・被爆地めぐり「平和学習」の手引書』、『長崎の原爆遺跡・慰霊碑ウォークマップ　長崎原爆の記憶』などを活用して、長崎の原爆の記憶の追体験を行ってください。

【注】

[11]　1974年５月、NHKで放送中であった朝の連続ドラマ小説「鳩子の海」を見ていた77歳の男性が、被爆直後の万代橋付近で目撃した光景を、A3判の画用紙に黒いサインペンで描いた絵をもってNHK広島放送局を訪れました。「鳩子の海」は、原爆投下のショックなどで記憶を失って放浪する少女の軌跡を描いたものです。この絵がきっかけとなりNHKが「市民の手で原爆の絵を残そう」と呼びかけた結果、1975年までの２年間で2225枚の絵が寄せられました（このなかに、被爆した米兵捕虜を描いた絵もありました）。

　　　2002年、広島市・長崎市・NHKなどが再び「原爆の絵」を募集したところ広島には1338枚が寄せられました。『図録』には、広島平和記念資料館が所蔵する約3600枚の原爆の絵のうち、約1200枚が掲載されています。2019年４月にリニューアルオープンした広島平和記念資料館でも多数展示されています。

[12]　『図録』本編に掲載された絵（161枚）には、絵のタイトル、作者のことば（抜粋・要約・書籍等）、絵に描かれた情景の日時、爆心地からの距離／絵に描かれた場所、作者氏名（被爆当時の年齢／絵を描いたときの年齢）、絵の募集時期（1974・1975年／2002年）が記されています。巻末には本編に掲載しなかった絵が作者氏名の五十音順に1084枚掲載されています。このなかに被爆した米兵捕虜の絵もあります。

[13]　「被爆再現人形」のルーツは、1950年代に登場した焼けた服を着せたマネキン展示といわれます。1970年代に再現型のろう人形が登場し（背景は絵）、立体的な市街地に人形を置いたジオラマは1991年に設置されました。

[14]　中曽根康弘元首相は、海軍経理学校・主計中尉として、広島から約150km離れた高松でキノコ雲を目にし「青い西の空にもくもくと雷雲のようなものが上がるのを見た。仲間は『火薬庫が爆発した』と言っていたが、やがて特殊爆弾という情

報が入り、私はすぐそれが原爆であることが分かった（略）。そのときの衝撃が、後に私を原子力の平和利用に走らせる動機の一つになった」と述べています（中曽根康弘『政治と人生—中曽根康弘回顧録』講談社、1992年）。高松からキノコ雲が見えたのか、「すぐそれが原爆であることが分かった」のか疑問は残ります。

※15 1966年10月、啓治の母親（60歳）が亡くなった直後、ABCC（原爆傷害調査委員会）が花輪と香典をもってかけつけ、「医学の発展のため、お母さんの遺体を解剖させてください」としつこく迫りました。怒った次兄（被爆当時小学校3年生で学童集団疎開中）が「おまえらに大事な母を切り刻まれてたまるか」とどなりつけ、追い返したといいます。しかも、火葬後の母親の遺骨は何も残りませんでした。「ピカのやつは原爆の放射能は骨までとっていくんか」（『はだしのゲン』第5巻、中公文庫コミック版、1998年）という「母が二度虐殺された」ことに対する怒りが、『はだしのゲン』執筆の動機になったといいます（『はだしのゲン　わたしの遺書』）。

※16 2011年、中沢は「はだしのゲン」を含む作品の原画を広島平和記念資料館に寄贈しました。

※17 「はだしのゲン」は、『少年ジャンプ』での連載（1973年6月〜1974年9月）が石油ショックによる用紙不足や編集者の交代により打ち切りとなると、日高六郎ら反原発派の市民団体が1971年3月に創刊した『市民』に連載（1975年9月〜1976年8月）されますが『市民』の廃刊により中断。その後、1977年7月（9月は除く）から1980年3月に日本共産党系論壇誌『文化評論』、1982年4月から1985年1月、1986年4月から1987年2月には日教組機関誌『教育評論』で連載されました。ラストシーンは15歳の中岡元が画家をめざし上京、「わしゃとことん生きて生きて生き抜いてやらあ」で終わっています（『教育評論』1987年2月号、中公文庫コミック版第7巻）。この描写は、「第5回波川中学校卒業式」の一コマです。「国歌君が代」の斉唱に対し、「天皇をほめたたえる歌」を歌うことに反発したゲンが、「天皇が無謀な太平洋戦争をやれとゴーのサインを出したおかげで　日本列島は焼け野原にされ」「この広島も長崎も原爆までくらって　わしの家族をふくめ日本人三百万人以上がもがき苦しんで殺されたじゃないか」「天皇陛下のためだと言う名目で日本軍は中国　朝鮮　アジアの各国で約三千万人以上の人を残酷に殺してきとるんじゃ」と叫ぶシーンにおける描写です（『教育評論』1982年4月号、中公文庫コミック版第7巻）。

※18 『夕凪の街　桜の国』（双葉社、2004年）は、「夕凪の街」（『WEEKLY漫画アクション』2003年9月30日号）、「桜の国（一）」（『漫画アクション』2004年8月6日号）、「桜の国（二）」（単行本描き下ろし）からなる作品です。2004年に文化庁メディア芸術祭マンガ部門大賞を受賞し、実写映画は2007年に公開されました。2018年にはNHK広島開局90年ドラマとして『夕凪の街　桜の国2018』が製作され放映されました。

※19 1925年に広島の江波に生まれ、18歳で呉の海軍文官に嫁いだすずの戦時下の日常を描いたもので、米軍機の空襲や広島原爆投下という悲しみのなかでも前を向くすずの姿が描かれています。三つの短編（「冬の記憶」「大潮の頃」「波のうさぎ」）と『漫画アクション』に2007年1月23日号から2009年2月3日号まで連載（休載号あり）された「この世界の片隅に」（第1回「昭和18年12月」から最終回「しあわせの手紙　21年1月」）までの45回からなります。上巻が2008年2月、中巻

が2008年7月、下巻が2009年4月に刊行されました。2016年11月に劇場アニメ映画『この世界の片隅に』が、2019年12月には『この世界の（さらにいくつもの）片隅に』が公開されました。

※20　現在資料館では5000枚の「原爆の絵」の原画を保管していますが、「便箋や新聞の折り込み広告の裏など、粗末な画材を使用した作品もあり、絵具の退色も激しいため」、「長期間の展示を避けて一定期間ごとに絵を入れ替え」ています。また、原画の他に、NHKが撮影した高解像度のデータも展示に使用されています（『広島平和記念資料館は問いかける』）。

※21　長崎原爆資料館の開館と加害展示論争、長崎国際文化会館と原爆資料館の展示方針の違いに関しては、深谷直弘『原爆の記憶を継承する実践―長崎の被爆遺構保存と平和活動の社会学的考察』（新曜社、2018年）が詳しく解説しています。

※22　城山国民学校（現城山小学校）は爆心地に最も近い（500ｍ）国民学校で、校舎内で児童の被害はなかったものの、学校にいた教職員31人のうち28人、学校に疎開していた三菱重工業長崎兵器製作所所員や動員学徒など約120人うち100人余が亡くなり、1500人の児童のうち1400人が学区内・家庭で亡くなったと推定されています（パンフレット『国指定史跡　長崎原爆遺跡　旧城山国民学校校舎』）。

（3）　模擬原爆投下訓練

8月14日の春日井市

　1945年 8 月14日午後 3 時頃、愛知県春日井市と豊田市域に、B 29爆撃機 7 機が飛来し、 7 か所に爆弾をそれぞれ 1 発投下するという出来事がありました。豊田市域では、一発目がトヨタ自動車社宅のすぐ近くに、二発目が矢作川に落ち、「三発目が工場に落ち工場の四分の一ぐらいが壊れてしまった」といいます（『決断―私の履歴書』）。終戦前日に行われた通常の空襲とは異なる爆弾投下、しかも公式記録には残されていないこの出来事は一体何だったのか。このことに疑問を抱いた「春日井の戦争を記録する会」が、1991年に『米国戦略爆撃調査団報告書』などの米軍資料を調べた結果、14日の爆弾は名古屋陸軍造兵廠とトヨタ自動車工業を目標に行われた模擬原爆投下訓練であることがわかりました。B 29による 7 発の爆弾投下は何だったのかという地域の歴史の掘り起こしが、模擬原爆投下訓練という歴史と結びついたのです。

　そして、「春日井の戦争を記録する会」の調査を契機に、春日井市や豊田市と似たような B 29単機による爆弾投下についての調査が各地で行われました。

　資料12（p.120）は、1945年 7 月20日から敗戦前日の 8 月14日まで行われた模擬原爆投下訓練を示したものです。

模擬原爆投下訓練

　模擬原爆投下訓練とは、原爆投下目標都市であった京都・広島・小倉・新潟の四つの都市を中心とした地域を対象に、第509混成航空群が行った原爆投下のリハーサルです[23]。

　模擬原爆 1 発を搭載した B 29が単機で、実際の原爆投下と同じ飛

行ルートでテニアン島から日本に侵入し、原爆投下目標都市周辺に設定された第1目標に高度約9000mの上空から目視で模擬原爆を投下し、直後に急旋回や急加速をしながら退避するものです。リハーサルという訓練目的のほか、戦闘要員の士気や緊張感を高める、B29が単機で飛来し1発だけの爆弾を投下することを日本人に慣れさせ警戒感を薄めるなどのねらいがあったといわれます。

　第1目標は、原爆投下目標都市周辺の62目標で、目視で模擬原爆を投下できる施設が設定されました。悪天候などで第1目標に目視で投下できない時は、第2目標ないし任意の場所に目視あるいはレーダーで投下しました。

　模擬原爆は、本物の原爆と同じ軌道を描くように、長崎に投下されたプルトニウム原爆（「ファットマン」）と同じ形で造られ、「パンプキン」と呼ばれました。プルトニウムの代わりにTNT火薬が詰められ、重さは本土爆撃で主に使用された1トン爆弾をはるかに上回る4.5（爆薬量は2.3）トンで、原爆のような熱線や放射線の被害はないものの、すさまじい破壊力でした。

原爆と模擬原爆

　50回におよぶ模擬原爆投下訓練で注目して欲しいことは、次の四つです。

　一つ目は、模擬原爆を投下する目標群が、投下目標都市からかなり離れた地域に設定され、目標となった施設は軍需施設だけではなかったことです。

　詳しくは第3講でお話ししますが、模擬原爆投下訓練が始まった7月20日の時点で、仙台から九州南部の知覧まで、中小都市はすでに空襲が行われていました。このため、第1目標は、いまだ空襲が行われていない都市のなかから、レーダー爆撃に適した目標が除外された後、約1万m上空から目視で投下できる場所となりました。

　二つ目は、目視あるいはレーダーにより第 1 目標への投下ができ
ない場合は、第 2 目標ないしは任意（臨機）の場所に投下されたこ
とです。軍需施設を対象とした精密爆撃の訓練でしたが、実際は、
無差別爆撃に近い投下が行われたのです。

　たとえば 7 月20日の郡山での訓練は、日本精錬会社、操車場、軽
工業工場が第 1 目標でした。しかし、郡山が曇っていたため、すべ
てが第 2 目標の日立大津、東京、平にレーダーにより投下されまし
た。62人が負傷した東京（東京駅八重洲口の呉服橋と八重洲橋中間の
堀の中）への投下は、宮城には投下してはならないという規程に違
反したもので、機長のイーザリーの野心のためといわれています。
この投下に関する報道は、模擬原爆投下訓練とは知られていなかっ
たため、「B 29たつた 1 機が爆弾投下―帝都東京へ昨朝"油断大敵"
の教訓」（ 7 月21日付『朝日新聞』）といったものでした。

　50回に及ぶ投下訓練で、第 1 目標に目視で投下できたのは半数以
下の21回にすぎず、第 2 目標への投下は15回、任意（臨機）投下は
10回を数えます。また、現在も投下地が不明なものもあります[24]。

　三つ目は、京都が原爆投下目標都市から除外された後も、京都・
大阪・神戸地域を対象とした投下訓練が行われていることです。7
月24日（任務番号 6・7）、広島原爆投下後の 8 月 8 日（任務番号14・
15）が該当します。8 月 8 日の目標は京都地域の気象予報が目視攻
撃に適しているために選ばれたといいます（『原爆投下部隊』）。

　四つ目は、任務番号から明らかなように、一連の作戦のなかに 8
月 6 日の広島、9 日の長崎が位置づけられていることです。原爆と
模擬原爆投下の違いは、投下する爆弾が原子爆弾か、それとも4.5
トンの爆弾か――熱線や放射線の被害があるか、ないか――にすぎ
ないことがわかります。

8月14日の模擬原爆投下訓練

　それでは、広島・長崎への原爆投下後に行われた、8月14日の模擬原爆投下訓練は、いったい何を目的としたものだったのでしょうか。

　「作戦任務報告書」では、任務番号14、15、17、18は「京都地域の気象予報が目視爆撃に適していたため、また、日本の兵器および弾薬の製造施設を破壊することに重点を置いたために、攻撃用に選定された」と書かれています。このため、この投下訓練は、3回目の原爆を京都に投下するための訓練として行われたものと考えられてきました。

　たしかに3発目の原爆投下の準備は、長崎への原爆投下後も進められました。投下目標都市は、すでに除外されていた新潟[25]を除いた、小倉・東京・札幌・函館・小樽・横須賀・大阪・名古屋が検討されたといいます。しかし、トルーマン大統領が8月10日、大統領の許可なしに原爆の使用を禁止することを決めたことやポツダム宣言受諾のため、結果的に3発目の原爆投下はなくなりました[26]。

　しかも、目標群となった名古屋陸軍造兵廠とトヨタ自動車工業は、京都地域の目標群には入っていないことや、都市空襲の最後となった8月14日・15日の空襲命令のなかに投下訓練（特殊爆弾任務）が含まれていることから、模擬原爆は原爆投下訓練兵器としてだけではなく、爆撃用兵器としても使用された可能性が高いことがわかりました。

　8月14日の空襲は、白昼の三つの作戦——光海軍工廠、大阪陸軍造兵廠、麻里布操車場（岩国駅）に対する攻撃と14日深夜から15日未明にかけての四つの夜間作戦——日本石油土崎工場に対する石油作戦、熊谷と伊勢崎に対する焼夷弾攻撃、関門海峡に対する機雷投下作戦で、「フィナーレ爆撃」といわれるものです[27]。熊谷と伊勢

崎空襲には出撃命令が下されていない航空団で参加する者もいました。この夜間空襲が日本本土に対する最後の空襲であることを知っての行動といわれます。

　この攻撃に、模擬原爆パンプキンを兵器として使用するため、第509混成航空群が参加したのです。このため、攻撃は原爆投下時間を想定した午前中ではなく、午後3時前後に行われました。

　50回におよぶ模擬原爆を含む投下作戦は、①原爆投下を成功させるための実戦的訓練、②模擬原爆を攻撃用兵器として使用するための攻撃、③原爆投下の三つの目的であったことがわかります。

　第2講では、広島・長崎への原爆投下とそれと並行して行われた模擬原爆投下訓練についてお話ししました。一連の模擬原爆投下訓練により、全国で400人以上が死亡し、1200人以上が負傷したといわれます。これらの人びとも、まぎれもなく原爆の被害者／被爆者といえます。

【注】

※23　この結果、小倉・広島・京都・新潟各地域の目標群は、次のように設定されました。
　　○小倉地域――下関操車場、門司操車場、渡辺飛行機工場、福岡水上機工場
　　○広島地域――宇部窒素肥料会社、宇部曹達会社、日本発動機油会社、住友化学会社、住友アルミニウム会社、呉・魚雷艇基地・機雷貯蔵庫、呉・潜水艦基地、広工廠、徳山曹達会社、徳山操車場
　　○京都地域――神戸・国有鉄道工場、神戸・川崎車輌工場、三菱重工業、神戸製鋼所、新興毛織工場、古河電気工業、四日市港湾地区重工業、転換織物工場、内部川精油所
　　○新潟地域――日本精錬会社、郡山・操車場、郡山・軽工業、福島・軽工業、品川製作所、長岡・軽工業、津上安宅製作所、富山・不二越製鋼東岩瀬工場、富山・日満アルミニウム会社、日本曹達会社富山製鋼所
　　京都地区の四日市、新潟地区の福島・郡山・富山など、目標群の都市が日本人の感覚からすると広範囲に設定されております。また、軍需工場に転換した工場、鉄道操車場、飛行場、港湾とともに、航空機・石油・兵器・化学薬品・鉄鋼・造船を含むあらゆる種類の工業施設に及んでいることがわかります（『米軍資料原爆投下報告書――パンプキンと広島・長崎』）。
※24　最初の模擬原爆投下地となった日立大津については、私は2010年7月20日付『朝

　　日新聞』（茨城版）で「原爆訓練の記憶　探しています」と目撃証言の提供を呼び
　　かけましたが、情報提供はありませんでした。また、日立市郷土博物館の戦争記
　　録集『日立の空襲　語り継ぐ戦災体験』（2003年）に、7月26日の空襲で父親が
　　死亡した女性の体験記が掲載されており、模擬原爆投下の犠牲者数などが判明し
　　たことが報じられました（2003年8月9日付『読売新聞』）。

※25　新潟市が原爆投下目標都市から除外されたことを知らない新潟県は、広島・長崎
　　への原爆投下を受け、「新型爆弾は我国未被害都市として僅に残つた重要都市新
　　潟市に対する爆撃に近く使用せられる公算極めて大きい」と、8月10日、新潟市
　　民に「緊急疎開を命じる県知事布告」を出しました（新潟市史編さん近代史部会
　　編『新潟市史』資料編7近代III〔新潟市、1994年〕）。

※26　3発目の原爆は「八月十九日までに準備が整い、東京に投下される予定」だった
　　といいます（『核の戦後史』）。

※27　小田原市の人口は、空襲の対象となった180都市の中では、沼津・宇治山田・宇
　　和島についで96位でしたが、最後まで中小都市空襲の目標になりませんでした。
　　しかし、8月14日深夜から15日未明に焼夷弾に見舞われます。これは、第16回
　　中小都市空襲の巻き添えで、海上に脱出する際の「投げ荷的な投弾」といわれて
　　います（『B-29　64都市を焼く』）。

第３講

帝都東京

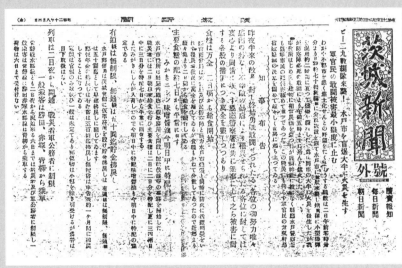

水戸空襲を伝える1945年8月2日付『茨城新聞』号外

空襲の時間は2日午前0時31分から2時16分までの1時間45分、罹災戸数1万104戸、罹災者5万605人、死者242人（後に300人以上と判明）、重軽傷者1292人と記録されています（『昭和二十年度水戸市事務報告書』）。全戸数の90％、全人口の80％にあたります。

（1）　都市空襲

大都市空襲

　第3講では、まず、都市空襲の話から始めます。米軍による本格的な本土空襲は、1944年から始まりました[※1]。当初の空襲の標的は、中国の成都から戦略爆撃機B29が往復できる九州北部で、6月16日未明の八幡製鉄所空襲が最初です。B29はボーイング社が開発した、6000km以上の航続距離と爆弾搭載量9トンという高性能の大型戦略爆撃機で、「空の要塞」と呼ばれたB17重爆撃機を上回るものとして「超空の要塞」と呼ばれ、朝鮮戦争でも主力戦略爆撃機として使用されました。

　7月、サイパン島・グアム島が占領されると、太平洋側の主要都市が空襲の対象となります。初期の空襲は、白昼に高度1万mの上空から500ポンド高性能爆弾を軍関連施設に投下する戦略爆撃でした。戦略爆撃には、軍関連施設だけを狙う精密爆撃と、軍関連施設がある地域全体を爆撃する地域爆撃があり、アメリカ軍の爆撃は精密爆撃を意図していました。

　しかし、ジェット気流の影響を受けたため、精密爆撃としては精度が低いものでした。1945年1月、新たにカーチス・ルメイが司令官になると[※2]、夜間や未明に高度3000m上空から焼夷弾を投下し、市街地を丸ごと焼失させ、住民を焼き殺す非人道的な無差別爆撃が行われるようになります。この背景には、日本の厭戦気分を高める、都市部を壊滅させることで占領を早めるといった目的のほか、陸軍から空軍への独立を企てるアメリカ陸軍航空隊の野望があったといわれます。

　資料13（p.124）は、大都市空襲をまとめたものです。都市空襲を担当した航空団は、マリアナ諸島に設置された第58（テニアン、西飛

行場)、第73 (サイパン、イスレー飛行場)、第313 (テニアン、北飛行場)、第314 (グアム、北飛行場) の 4 航空団です。また、沖縄とともに、島民の強制疎開や島民を巻き込んだ地上戦が行われた硫黄島が米軍に奪取されると、B 29に加え B 29の護衛を任務としていた P 51戦闘機や艦載機などによる空襲や機銃掃射が行われました。

　本土における最初の無差別爆撃・焼夷弾空襲は、東京・名古屋・神戸などで行われた実験的空襲 (第 1 〜 4 回) をへて、1945年 3 月10日未明に行われた東京大空襲です[※3]。

　279機の B 29が30万発をこす1665トンの焼夷弾を約 3 時間にわたり集中投下しました。使用された油脂焼夷弾は、破裂するとゼリー状のガソリンを撒き散らして発火したため、木造家屋が密集する東京都東部の下町は火の海と化しました。政府が防空法により、空襲の際には住民に消火活動を義務付けていたため、避難が遅れて被害が拡大しました。犠牲者は推計10万人、罹災者は100万人以上とされます。広島の原爆死者数 (14万人 ± 1 万人) と比べた時、たった 1 日で10万人の犠牲者をだした東京大空襲のすさまじさがわかります。犠牲者の多くは公園や寺院に仮埋葬され、戦後、掘り起こし火葬されました[※4]。アメリカ軍はその後、名古屋・大阪・神戸[※5]などの大都市の「指定工業集中地区」を空襲しました。

　資料13 (p.124) で注目して欲しいことは、3 月20日から 4 月12日までの 1 か月間大都市空襲が行われなかったことと、5 月25日・26日の山の手大空襲です。前者の理由は、投下する焼夷弾を使い果たしたことや、空襲を担当する航空団が沖縄戦での空襲 (4 月 6 日・12日・16日) に参加したためです。後者は、「東京空襲の総仕上げ」と呼ばれ、明治宮殿が焼失し宮城の一部も炎上する被害もありましたが、投下弾量が 3 月10日の東京大空襲の約 2 倍であったにもかかわらず、犠牲者は約3600人でした。これは、住民が防空法による消化活動よりも避難・退去を優先したためといわれます。

中小都市空襲

　大都市空襲が一段落した6月中旬以降は、中小都市空襲が行われました。

　空襲の対象となった中小都市は、1940年に実施した第5回国勢調査の人口順に配列した180の都市のなかから、大都市と原爆投下目標都市（11都市）、B29の往復飛行が不可能な北緯39度以北の15都市、レーダー爆撃に適していない15都市を除いた139都市でした。そのなかから、建物の密集度と延焼のしやすさ、近くの軍需工場の存在、水陸の交通施設の存在などを考慮し、原則的には人口順に57の中小都市が空襲の被害を受けました。

　資料14（p.126）は、中小都市空襲をまとめたものです。6月16日深夜から玉音放送が流される8月15日未明までの60日間、一つの航空団が一つの都市をターゲットに（福岡、西宮、八幡、熊谷、伊勢崎は複数の航空団）、概ね4日に1回の割合で57都市が空襲されたことがわかります。16回の空襲で、投下弾量が最も多かったのが、第13回の八王子・富山・長岡・水戸空襲（第3講扉写真参照）です（都市単位では第14回の西宮）。この空襲は、1907年8月1日に創立されたアメリカ陸軍航空隊の第38回創立記念日とルメイの戦略航空軍司令部参謀長昇進を祝う「祝賀大爆撃」であったことによります。

　中小都市空襲で注目して欲しいことは、7月28・29日の青森空襲と8月8日の八幡空襲です。青森空襲は、硫黄島から発進したB29によって行われました。「伝単」と呼ばれた宣伝ビラ（語源は物事を伝える紙片という意味の中国語）で空襲が予告（リーフレット心理作戦）されましたが、青森市は空襲から避難する疎開を許さなかった（配給を停止）ため、多くの被害者を出しました。一方、三つの航空団による八幡空襲は、すでに述べたように、翌日の長崎原爆投下に大きな影響を与えました。

　中小都市空襲と並行して、航空基地・飛行場などの軍事拠点、鉄道・連絡船などの輸送網、工業・造船施設を破壊することを目的に、太平洋艦隊の空母艦載機による攻撃や艦砲射撃が、北海道から九州まで45都道府県に対して8月15日まで行われました[6]。

無差別爆撃

　無差別爆撃は、ヨーロッパやアジアでも行われました。無差別爆撃とは、第一次世界大戦後の1923年、日本・アメリカ・イギリス・フランス・イタリア・オランダ法律家委員会が作成した「空戦に関する規則案」（ハーグ空戦規則案）に定められた、敵に対する砲撃や爆撃は、軍事的目標に限定されなければならないという「軍事目標主義」に反した爆撃をいいます。軍事的目標のみを対象とした「差別」爆撃ではなく、軍事的目標に当てはまらない都市、村落、住宅、建物などの目標に対する「無差別」な爆撃です。「絨毯爆撃」ともいわれました[7]。

　第二次世界大戦前における初めての大規模な無差別爆撃は、東京大空襲から約8年前、1937年4月26日のゲルニカ空襲といわれます。スペイン内戦に介入したドイツが、イタリアとともに、スペイン北部バスク地方の小都市ゲルニカを爆撃し、3時間にわたる爆撃で町の70％が炎上しました。

　ゲルニカ空襲は、焼夷弾を大量に使用した最初の無差別爆撃で、東京大空襲と共通する点が多いことで知られます。スペイン出身であるピカソの「ゲルニカ」は、この無差別爆撃に対する怒りを表した作品です。

　1939年9月に勃発した第二次世界大戦では、ドイツ・イギリス両軍による都市空襲が互いに繰り返されました。ロンドンでは、1941年5月までに、5万トン以上の高性能爆弾と焼夷弾により4万5000人の市民が亡くなり、350万以上の家が破壊や損害を受けまし

た。ドイツでも、ハンブルクやブレーメンなどが爆撃され数十万人が亡くなりました。

　こうした無差別爆撃の応酬は、「爆弾には爆弾を」「報復か屈服か」といったメディアの反応からもうかがえるように、「報復のエスカレーション」を生みました。さらに、精密爆撃を掲げるアメリカの空爆方法にも影響を与えました。その象徴が、東京大空襲の前月に行われた、アメリカ・イギリス両軍によるドレスデン爆撃です。

　ルネサンス以来の文化遺産を誇り、ゲーテが「ヨーロッパのバルコニー」と称したドイツ東部のドレスデンが、1945年2月13日から15日に空襲されました。死傷者は2万5000人から4万人といわれ、ソ連軍の進撃から逃れて市中に流入した難民や連合軍捕虜も犠牲になりました。ドイツの降伏直前に行われたこの無差別爆撃については、ソ連軍の進撃に呼応してドイツ軍の背後を絶つ間接支援、ソ連軍に連合軍の空爆の威力を誇示するための政治的爆撃といわれます。

　では、なぜアメリカは、精密爆撃を放棄し、無差別爆撃に転換したのでしょうか。これに関しては、①軍隊とともに重要な役割を果たした市民の戦意を喪失させる、②報復的な爆撃を支持する世論の力、③多くのアメリカ兵の生命を救済できるという早期終戦論、④「戦争に勝つためなら何でもやる」という戦争末期の指導者の態度などが指摘されています（『空爆の歴史―終わらない大量虐殺』）。

空襲の負の連鎖

　「正義の戦争」というイデオロギーを掲げながら非人道的な爆撃を繰り返す、こうした空爆をわが国も行いました。重慶大爆撃です。

　重慶大爆撃は、1938年2月から1943年8月にかけて、日本軍により断続的に行われた重慶に対する戦略爆撃です。

　盧溝橋事件に端を発した日中間の争いは、宣戦布告をせず「支那

事変」という名称のまま全面戦争に発展しました。上海、国民政府の首都である南京、広東、武漢を占領した日本軍に対し、国民政府は武漢から800km奥地にある四川盆地東部の大都市重慶に遷都し、徹底抗戦を続けます。この手詰まりを打開しようとしたのが、「継戦意志を挫折すること」を目的に、陸海軍航空部隊が共同で行った重慶大爆撃です。焼夷弾爆撃が行われたこと、「特殊煙」（毒ガス）の使用が「暗黙の了解」とされていたこと、最初の意図的・組織的・継続的な無差別爆撃であったこと、試作中であった新型戦闘機である零式艦上戦闘機（ゼロ戦）が予定を繰り上げて護衛機として参加したことなどが特徴です。

　この重慶大爆撃を起点に、無差別爆撃はイギリス・ドイツ両軍相互の都市空襲、ドレスデン爆撃、さらに日本に対する大規模な都市空襲へと発展し、その延長線上で模擬原爆投下や広島・長崎への原爆投下が行われました（『東京・ゲルニカ・重慶　空襲から平和を考える』）。

　そして、無差別爆撃は第二次世界大戦後の軍事戦略に取り入れられ、朝鮮戦争、ベトナム戦争、湾岸戦争、現代におけるコソヴォ空爆、アフガニスタン空爆、イラク空爆、ウクライナ空爆へと継承されました。

　重慶大爆撃は、決して閉じた過去の出来事ではなく、20世紀後半から21世紀にいたる「空からの戦争」の時代の第一頁を開けた出来事であり、「歴史への重い負担を負った事件」です（『戦略爆撃の思想─ゲルニカ、重慶、広島』）[8]。

空襲史観から空爆史観へ

　本土の人びとにとってアジア・太平洋戦争の記憶は、原爆投下（模擬原爆投下）や都市空襲という空からの無差別爆撃の結果生じた、多数の死傷者の記憶と結びついた犠牲者意識が色濃いものです。

　一方で、ゲルニカ・ドレスデン空襲などにおける同時代の空襲犠牲者への想いは、日本の空襲との回路が断絶しているため、非常に弱いものでした。さらに、日本軍が外地で行った重慶大爆撃をはじめとする空爆が生んだ犠牲者に対する想いは、空爆の記憶すら失われていることもあり、欠落しています。たしかに空爆は、相手との空間的距離が遠く、相手側の死傷した姿などの惨状を直接眼にすることはないため、良心の呵責や罪悪感——加害者意識——が弱い傾向があります。

　こうしたこともあってわが国は、空襲による「自国民」の犠牲を強調する一方で、空爆による「他国民」への加害を隠蔽してきました。沖縄を含む「自国民」をアジア・太平洋戦争の犠牲者と位置づけることで、アジア諸国をはじめとした「他国民」に対する加害行為や戦争責任から眼をそむけてきたのです。そして、こうした前世代の戦争の記憶を、現在も継承しています。

　ロシアのウクライナ侵攻に見られるように、安全な遠隔地からハイテク兵器によるピンポイント爆撃という形で、現在も空爆は続いています。こうした空爆の負の連鎖を断ち切るためにも、空襲／空爆の歴史を、「自国民」の被害と犠牲を強調する空襲史観ではなく、「他国民」に対する加害と謝罪を重視したグローバルな視点にもとづく空爆史観で改めて問い直してみましょう。

【注】

※1　アメリカ軍による本土初空襲は、真珠湾攻撃の報復として1942年4月18日に行われたドーリットル空襲です。陸上爆撃機を空母から発艦、爆撃したのちに中国大陸に着陸させる陸海軍共同の作戦でした。ドーリットル中佐に率いられた16機のB25が東京・横浜・横須賀、名古屋、神戸を爆撃、本土上空で1機も撃墜されることなく、中国・ウラジオストク（各1機）に不時着しました。

※2　カーチス・ルメイは朝鮮半島での空爆やベトナム戦争の「北爆」でも指揮を執りました。日本政府（佐藤栄作首相）は、ルメイに対し、「航空自衛隊の育成ならびに日米両国の親善関係に終始献身的な努力と積極的な熱意をもって尽力した」という功績により、1964年12月、勲一等旭日大綬章を贈っています。

※3　昭和天皇にとって3月10日は、長女の盛厚王妃成子内親王が初孫（男児）を出産した日でした。『昭和天皇実録』第九には「米軍B29戦略爆撃機の攻撃」により「帝都各地に甚大な被害が発生する」という記述のほかに、成子内親王を診察するため盛厚王の実家の東久邇宮邸を訪れていた天皇の侍医も自宅に残した妻と子ども3人を失ったことが記載されています（3月10日）。昭和天皇は空襲から8日後、「沿道の片付けをする軍隊、焼け崩れた工場や家屋の整理に当たる罹災民」を視察、「焦土と化した東京を嘆かれ、関東大震災後の巡視の際よりも今回の方が遥かに無惨であり、一段と胸が痛む」と感想を述べました（3月18日）。しかし、昭和天皇が視察する道沿いの、道から見える遺体は事前に片付けられていました。

※4　犠牲者は身元確認も不十分なまま、公園（墨田区錦糸公園・江東区猿江公園・台東区上野公園など）や寺院に仮埋葬されました。仮埋葬地は150か所に及ぶといわれます。仮埋葬された遺体は1948年度から掘り起こしが始まり、火葬（改葬）されました。

※5　野坂昭如の代表作で直木賞を受賞し、アニメ化もされた「火垂るの墓」（『オール読物』1967年10月号。高畑勲監督のアニメは1988年）は、6月5日の神戸空襲の体験にもとづくものです。

※6　近年の研究で、本土空襲の回数は約2000回にのぼり、犠牲者の数は45万9564人、投下された焼夷弾の数は約2040万発、撃ち込まれた銃弾の数は約850万発であることが明らかになりました（『戦争の真実シリーズ①　本土空襲全記録』）。

※7　無差別爆撃は、大量殺戮という点において、ある人種や民族を計画的に絶滅させようとすることを意味するジェノサイドの一つとみなそうとする考えもあります。ジェノサイド（genocide、genosはギリシャ語で種、cideはラテン語で殺害を意味）は、ナチス・ドイツのユダヤ人虐殺に対して用いられた言葉です。1948年12月に国連でジェノサイド条約（「集団殺害罪の防止及び処罰に関する条約」）が採択されました。

※8　重慶大爆撃の歴史は注目されることはなく、事実解明も充分には進みませんでした。その理由としては、①中国では、中国共産党の「抗日戦争史観」のもとで、国民政府（蔣介石政権）の抵抗が中国史の表舞台に登場することがなかったこと、②諸外国では、重慶大爆撃は、南京事件と異なり、東京裁判（極東国際軍事裁判）で訴追を免れたため、関心が低かったこと、③わが国では、「空襲」による「被害者」意識が強く、「空爆」による「加害者」意識は非常に希薄であることなどが考えられます。重慶大爆撃が東京裁判で訴追されなかったのは、戦勝国であるアメリカ・イギリスも無差別爆撃を行っていたためです。重慶大爆撃の主導者であった井上成美も戦犯に指定されず、海軍大将であったことを理由とした公職追放にとどまりました（『戦略爆撃の思想—ゲルニカ、重慶、広島』）。

（2） 玉音放送と終戦の詔書

玉音放送

　1945年 8 月15日正午、ラジオから重大発表が放送されました。終戦の詔書（「大東亜戦争終結ニ関スル詔書」）※9を昭和天皇自らが朗読する玉音放送です※10。

　玉音放送を聞いてみましょう。「堪え難きを堪え　忍び難きを忍び」という一節が独特の抑揚とともに有名ですが、全文を聞いたことがある方はどの程度いらっしゃるのでしょうか。

　意外と知られておりませんが、正午の時報から始まる玉音放送の前後には、君が代の奏楽やNHKアナウンサーによる終戦関連のニュースが放送されています。放送時間は37分半で、玉音放送はそのうちの 4 分37秒です※11。

　終戦の詔書は、和田信賢アナウンサーにより聞きとりやすい口調で再読されました。また15日夜には、玉音放送を受けたかたちで、鈴木貫太郎首相が「大詔を拝して」をラジオで朗読し、終戦を周知しました。

終戦の詔書

　8 月15日付朝刊は、玉音放送の後に配達されました。

　資料15（p.128）は、15日付『朝日新聞』朝刊の第一面です。「戦争終結の大詔渙発さる」という横見出しの下に、詔書の全文が掲載されています。難しい漢字や読み方もわからない言葉が多く使用されていますので、内容を正確に理解できた人びとがどの位いたのかはわかりませんが、「戦争終結の大詔」「帝国、四国宣言を受諾」という見出しから、終戦の詔書であることを理解したものと思われます。この詔書は、玉音放送の録音が行われていた14日深夜、迫水久

常内閣書記官長が記者団に対し、正午の玉音放送が終わるまで朝刊を配送しないように念を押しながら手渡した詔書の写しといわれます。15日付朝刊に掲載されましたが、終戦の詔書の日付は8月14日になっていることに留意してください。

　詔書では、①「米英支蘇」の4国に対しポツダム宣言を受諾したことを通告したこと、②「米英二国」に宣戦した理由は「帝国ノ自存ト東亜ノ安定」を願ったためであり、他国の主権や領土を侵す意思はなかったこと、③敵は残虐な原子爆弾を使用して「無辜」（罪のない人びと）を殺傷したこと、④この原爆投下により、これ以上戦争を継続すれば「民族ノ滅亡」を招いてしまうから、戦争をやめたこと、⑤戦没者やその遺族、戦傷や空襲などの被害を受けた臣民のことを思うと悲しみにたえないこと、⑥これからも国体を護持するので、臣民は国体の精華を高めて欲しいことが記されています。

　ここで留意して欲しいことは、終戦の詔書は1941年12月以降の米英2国との戦争にしか言及されず、中国に対する侵略には一切触れていないことです。アジアの解放を強調することで中国に対する侵略戦争であることが隠され、昭和天皇の戦争責任を回避することで国体の護持が語られています。終戦の詔書には敗戦の認識はなく、終戦の詔書は「天皇制継続宣言」という指摘もあります（『天皇制の侵略責任と戦後責任』）。

御署名原本

　資料16（p.128）は、昭和天皇の御名御璽（天皇の署名と押印）のある終戦の詔書で、御署名原本と呼ばれているものです。

　淡黄色で鶏卵の色に似ているところから鳥の子紙と称される高級和紙に毛筆で書かれ、文字数は802字です[※12]。きれいに清書されている文章とともに、カミソリで薄く削った上にひと回り小さな文字で書き直したと思われる個所や途中で書き込みの挿入字句があるこ

となどがわかります。

　8月14日午後から始まった閣議では案文審議が難航し、夜に入っても手直しが繰り返されていました。一方、宮中では、詔書をラジオで放送するための録音準備で天皇が待機していました。閣議決定文が最終的に完成するのを待ってから清書を始めたのでは、15日正午の放送予定に間に合わなくなるため、閣議での審議と並行して、審議が終わった部分から隣の部屋で清書を行うという綱渡りでの作業が行われていました。清書している最中に修正が入ることがありました。

　終戦の詔書は、最後の御署名原本に至るまで9回書き直しや修正が行われ、合計9通りの案文が作成され、修正点はのべ161箇所にのぼるとのことです（『終戦詔書と日本政治—義命と時運の相克』）。

　例えば、「戦局必スシモ好転セス」は、「未タ戦争ノ局ヲ結フニ至ラス」（第一・第二文書）、「戦局次第ニ不利ニ陥リ」（第三文書）、「戦局日ニ非ニシテ」（第四〜第七文書）と3回の変更が行われ、前の字句を削ってそのスペースに書き込んでいます。また、行間に無理やり挿入した字句もあります。「新ニ残虐ナル爆弾ヲ使用シ」と「惨害ノ及フ所」との間に挿入された字句で、「テ頻ニ無辜ヲ殺傷シ」は第八文書からのものです。さらに、通常は詔書の最終ページは御璽のために3行に止めるはずですが、4行になって天皇の印章と文字が重なっています。

　詔書原本なら本来あってはならないはずの挿入や書き直しが行われたということは、いかに切羽詰まった状況のなかで詔書が作成されたかがうかがえます[13]。

【注】

※9　詔書は「皇室ノ大事」や「大権ノ施行ニ関スル勅旨」を宣する文書で、大権の施行（国政）に関するものについては、親書（天皇の署名）と御璽（天皇印の押捺）のあと内閣総理大臣が年月日を記入し、その他の国務大臣とともに副署（署名）

し、『官報』に登載されました。

※10　戦後70年にあたる2015年 8 月 1 日、宮内庁は玉音放送のレコード（「玉音盤」）原盤 5 枚と、翌1946年 5 月24日にラジオ放送された「食糧問題の重要性に関する昭和天皇の御言葉」のレコード原盤 1 枚と音声を初めて公開しました。玉音盤は終戦前日の 8 月14日深夜、宮内省内廷庁舎政務室で昭和天皇が終戦の詔書を読み上げ、隣室で日本放送協会の技術職員が録音したものです。録音は 2 度行われ、翌日の放送では 2 度目の録音原盤が使用されました。この録音原盤は1946年 7 月にGHQに貸し出され、テレビ放送などに使用されてきた音声はこの際に複製された音源をもとにしたものです。一方、「食糧問題の重要性に関する昭和天皇の御言葉」は、5 月19日に25万人が参加し宮城前で開かれた飯米獲得人民大会（食糧メーデー、「朕はタラフク食ってるぞ　ナンジ人民　飢えて死ね　ギョメイギョジ」と書かれたプラカードも登場）に象徴される厳しい食糧事情を説き、国民に理解を求めるもので、「もう一つの／二度目の玉音放送」ともいわれます。8 月15日の玉音放送の結びの言葉が文語調で「爾臣民其レ克ク朕カ意ヲ体セヨ」となっているのに対し、「二度目の玉音放送」は11月 3 日に公布される新憲法の象徴天皇像を先取りするように口語調で「祖国再建の道をふみ進むことを切望し、かつこれを期待する」という言葉で終わっています。

※11　玉音放送の予告は、14日午後 9 時のニュース、15日午前 7 時21分のニュースの時間に行われました。予告文には「尚　けふの新聞　都合により　午後一時頃配達されるところもあります」と書かれています（『玉音放送』）。また、14日深夜から15日未明にかけ、徹底抗戦を叫ぶ一部の陸軍将校は玉音放送を阻止するために、録音盤を奪取するクーデターを計画しましたが、失敗に終わりました。

※12　「裕仁」と「昭和二十年八月十四日」まで数えると814字。また、御署名原本に海軍大臣として副署し、詔書の書写を繰り返したといわれる米内光政は、側近に対して詔書の文字数は最後の御名御璽を入れると815字になると述べたといいます（阿川弘之『米内光政』新潮文庫、1982年）。

※13　終戦の詔書の成立過程については、石渡隆之「終戦の詔書成立過程」（国立公文書館報『北の丸』第28号、1996年）が詳しく解説しています。

（3） 8月15日の記憶

玉音放送の受け止め方

　玉音放送はほとんどの国民にとって天皇の肉声を聞いた最初の出来事でした。台湾・朝鮮・満州・中国占領地や南方各地でも放送されましたが、沖縄の人びとは、沖縄放送局が3月23日に艦載機の攻撃を受け、放送機能を停止していたため、玉音放送を聞いておりません。ラジオの劣悪な音質、独特の抑揚、詔書に含まれる難解な漢語により、「ザーザーという雑音によって聞き取れなかった」「難しい言葉で理解できなかった」と回想される玉音放送ですが、文言は理解できなくても、特別な放送という事情と異様な雰囲気、そして直後の和田アナウンサーによる詔書の奉読や内閣告諭の解説により、日本が戦争に敗けたということを理解した人びとは多かったといわれます。

　人びとは、天皇みずからが終戦の決定をラジオで伝えた玉音放送をどのように聞き、どのような想いで受け止めたのでしょうか。

　東京医学専門学校（現東京医科大学）の学生で、長野県飯田市に疎開していた山田風太郎は、「日本が戦争に負ける、このままで武器を投げるなど、まさに夢にも思わなかったのである」と心情を吐露する一方で、炊事を担当している2人の老婆が「昨日と一昨日と同じように、コツコツと馬鈴薯を刻んでいる。その表情には何の微動もない。……あとできくとこの二人の婆さんは、ひるの天皇の御放送をききつつ、断じて芋を刻むことを止めなかったという。こういう生物が日本に棲息しているとは奇怪である」と驚きを記しています（『戦中派不戦日記』[※14]）。

　一方、1942年から広島逓信病院の院長を務め、8月6日自宅で被爆し全身に傷を負いながらも病院に駆けつけ、被爆者の治療にあた

っていた蜂谷道彦は、「今さら敗けるとは卑怯だ」「何のために今ま
で辛抱したか」という声を聞いたことを記しています（『ヒロシマ日
記』※15）。

　被爆地広島における玉音放送の受け止め方を象徴しているように
思います。

すずの叫び

　人びとが8月15日をどこで迎え、玉音放送をどのような想いで聞
いたのか。このことに関して私が注目するのは、第2講でも紹介し
たこうの史代のマンガ『この世界の片隅に』のなかの一コマです。

　資料17（p.129）は、玉音放送を聞き、「最後のひとりまで戦うんじ
ゃなかったんかね？」と激昂し家を飛び出したすずが、焼夷弾の残
骸がささった畑から、トンボが飛び去り、太極旗がひるがえる光景
を眼にし、「正義」と信じていた戦争がただの「暴力」に過ぎなかっ
たことを悟り、「うちも知らんまま死にたかったなあ」と号泣する
シーンです。空高く飛ぶトンボと「この国から正義が飛び去ってゆ
く」という言葉は、秋津洲（秋津島、あきつしま）と呼ばれた日本から、
「あきつ、あきづ」（トンボの古名）が飛びさってしまったことを連
想させます。

　なぜ、すずは「うちはこんなん　納得出来ん!!!」と叫び、号泣し
たのでしょうか。生徒に問いかけてみてください。

　山田風太郎、蜂谷道彦とすずの3人の例を提示しましたが、山田
風太郎を含む103人の日記を収録した永六輔監修『八月十五日の日
記』を見ますと、玉音放送の受け止め方は実にさまざまであること
がわかります※16。

8月15日は終戦の日

　多くの国民は、玉音放送が流された日である8月15日を終戦の日

と考えています。8月15日を終戦の日と考える法的根拠は、8月15日を「戦没者を追悼し平和を祈念する日」と政府が公式に定めた1982年4月13日の閣議（鈴木善幸内閣）です。

　しかし、戦没者を追悼する行事は必ずしも戦後に始まったものではありません。1939年から毎年8月15日に「戦没英霊盂蘭盆会法要」がラジオで全国中継されていました。お盆に祖霊を供養する仏教行事の盂蘭盆会と、戦没者を弔う英霊祭祀とが結びついた戦没英霊盂蘭盆会法要が各地で行われていたのです（『八月十五日の神話』）。

　8月15日が終戦の日であるという国民共通の心象風景ができ上がった背景には、玉音放送のインパクトに加え、天皇が出席し「お言葉」を述べる政府主催の全国戦没者追悼式[※17]に象徴される追悼儀式、8月15日に関する新聞・雑誌などメディアの影響（「八月ジャーナリズム」）、反戦・平和のメッセージ一色となるドラマ・映画、そして月遅れのお盆の季節がありました。

　1950年代、1960年代に、8月15日を終戦とする言説や儀式がかたちづくられ、それが戦争終結という実態とはかけ離れたものだったために、戦争の実体験にもとづいた記憶は希薄となり、「終戦」＝「平和」「解放」という言説だけが一人歩きしたためと指摘されています（『資料で読む世界の8月15日』）。

終戦の日はいつか

　しかし、8月15日は、ポツダム宣言の受諾が玉音放送を通じて人びとに伝えられた日であり、戦争終結の日ではありません。では、終戦の日はいつと考えたらよいでしょうか。

　終戦の日の候補日としては、昭和天皇がポツダム宣言の受諾を決断した（「聖断」）8月10日、ポツダム宣言の受諾を決定し（2回目の「聖断」）、連合国にその旨を通知するとともに終戦の詔書が作成された8月14日、玉音放送が流された8月15日、大本営が日本軍に対し

休戦命令を出した 8 月16日、戦艦ミズーリ号上で日本政府代表が降伏文書に調印し[18]、天皇による降伏詔書が発表された 9 月 2 日、日本軍司令官が沖縄嘉手納の米琉球兵団で降伏文書に署名した 9 月 7 日などが挙げられます[19]。

　　アジア・太平洋戦争は、いつ始まり、いつ終わったのか。改めて問い直してみてください。

【注】

※14　山田が記した1945年 1 月から12月までの世相や庶民の生活記録は編集者の目にとまり、1946年に番町書房から『戦中派不戦日記』として刊行されました。その後講談社文庫に入り、2010年には角川文庫から刊行されました。「まえがき」で山田が「凄じい百八十度転回」と表現した 8 月15日以降の記述も貴重な史料です。
　　　8 月16日に記した「八月十五日のこと」には、「きょう正午に政府から重大発表があると早朝のニュースがあったと教えてくれた。その刹那、『降伏？』という考えが僕の胸をひらめき過ぎた。しかしすぐに烈しく打ち消した。日本はこの通り静かだ。空さえあんなに美しくかがやいているではないか。だから丸山国民学校の教場で、広田教授の皮膚科の講義をきいている間に、『休戦？、降伏？、宣戦布告？』と、三つの単語を並べた紙片がそっと回ってきたときには躊躇なく『宣戦布告』の上に円印をつけた。きょうの重大発表は天皇自らなされるということをきいていたからである。これは大変なことだ。開闢以来のことだ。そう思うと同時に、これはいよいよソ連に対する宣戦の大詔であると確信した」と書かれています。また、「先生、十二時に天皇陛下の御放送がありますから、すみませんがもう授業をやめて下さい」「承知しています」「しかし、まだいいでしょう」「いえ、ラジオをきくのに遠い者もいますから、どうか」というやり取りが交わされ、教授はしぶしぶと講義をやめたという記述もあります。

※15　被爆当時のメモをもとに 8 月 6 日から 9 月30日まで56日間の体験を日記風に記録したものです。逓信医学協会発行の機関誌『逓信医学』第 2 巻第 1 号～第 4 号（1950年～1952年）に12回にわたり連載され、英訳されて米国で大きな反響を呼び、のち独仏伊など十数か国語に翻訳されました。1955年 9 月『ヒロシマ日記』として朝日新聞社から刊行されました。

※16　「たゞ泣いた。何も考へられず」（劇作家の三好十郎）、「ただ情けなく口惜しき思いに耐えず」（広島で被爆した詩人の峠三吉）、「十二時大詔出づ、感激不止」（柳田国男）、「正午となりのラジオにてはじめて陛下の肉声を聞く。意味はほとんど聞きとれず。とにかく日本が無条件降伏をせしことは明らかとなる。敗戦というものを始めて味わう。にがいにがい涙である」（映画監督の伊丹万作）、「戦は終った。飛行機を造ることが終ったという以外、現実には何もわからない」（零戦を設計した堀越二郎）、「玉音というのはわかりにくいものだ。そのあとの説明を聞いているうち戦争は負けて、終わったんだということがわかった」（無着成恭）、「正午陛下のラジオ御放送。覚悟既にあり、直ちに立つことを思ふ」（阿部次郎）

と様々です。一方で、永六輔は、「十二歳の僕には日記を書いた覚えはない。学童疎開先で、さぁいよいよ東京に帰れるぞと思ったことは確かだが、日記を書くには帳面も、鉛筆も不足していた」（はじめに）と記しています。

※17 政府主催の全国戦没者追悼式が初めて行われたのは、連合国による占領統治が終わった後の1952年5月2日、場所は新宿御苑でした。その後、政府による開催を求める声は強くありましたが、新憲法が規定する政教分離の観点から議論がまとまらず、10年以上開催されませんでした。政府主催の全国戦没者追悼式が初めて8月15日に行われたのは1963年です。会場は日比谷公会堂で、翌1964年は靖国神社を会場としましたが批判を浴び、1965年以降は日本武道館での開催が通例となりました。『昭和天皇実録』によると、昭和天皇は戦後10年の1955年以降、8月15日の外出を控え、1963年からは死去前年までほぼ毎年追悼式に出席しています。

※18 日本国政府を代表して重光葵外務大臣、陸海軍を代表して梅津美治郎陸軍参謀総長（豊田副武海軍軍令部総長は出席を拒否）が調印しました。ミズーリ号上には、真珠湾攻撃当日に大統領執務室に飾られていたものと、ペリー提督の旗艦に掲げられていたものとの2本の星条旗が飾られました。ミズーリ号は、真珠湾攻撃で沈んだ戦艦アリゾナ号を記念するアリゾナ・メモリアル（アリゾナ記念館）の隣に展示公開されており、「太平洋戦争」の始まりと終わりを象徴するモニュメントとなっています。

※19 アメリカとフランスは9月2日を「対日戦勝記念日」、ロシアは9月3日を「第二次世界大戦終結記念日」、中国では日本が降伏文書に調印した翌日（この日に中国各地で祝賀行事が行われました）の9月3日を「抗日戦争勝利記念日」としています。一方、韓国では8月15日を日本統治からの解放を祝う「光復節」としています（『資料で読む世界の8月15日』）。

第 4 講

茨 城

筑波海軍航空隊記念館　（公式ホームページより）

左側の建物が旧司令部庁舎（茨城県立こころの医療センター旧管理棟、2013年12月、記念館として一般公開）、右が旧検査棟（2018年6月、改修後、記念館として一般公開）です。

（1） 戦争遺跡

教材としての戦争遺跡

第4講では、茨城からアジア・太平洋戦争を考えるとともに、高等学校歴史総合や日本史／世界史探究で強調されている「私たちと歴史」という観点をふまえ、高校生や大学生にとってのアジア・太平洋戦争についても触れたいと思います。

1996年12月、被爆地ヒロシマの象徴であった原爆ドーム（旧広島県産業奨励館）が、厳島神社とともに、ユネスコ世界遺産に登録されました。「原爆ドーム」という名称がお馴染みですが、正式名称は「広島平和記念碑（原爆ドーム）」、「Hiroshima Peace Memorial (Genbaku Dome)」です（第2講扉写真参照）[1]。

原爆ドームのユネスコ世界遺産登録を契機に、"負の遺産"という評価を得て戦争遺跡に光があてられるようになりました。

戦争遺跡とは、「近代日本の侵略戦争とその遂行過程で、戦闘や事件の加害・被害・反戦抵抗に関わって国内国外で形成され、かつ現在に残された構造物・遺構や跡地」です（『しらべる戦争遺跡の事典』）。

資料18（p.130）は、『しらべる戦争遺跡の事典』による戦争遺跡の分類です。このうち①政治・行政関係から⑦交通関係までの分類については納得出来ますが、⑧「その他」にある奉安殿・学童疎開所・二宮金次郎像を戦争遺跡と規定することに私は違和感を覚えます。

戦争遺跡のなかには、歴史的価値や重要性が認められ、指定・登録文化財になっているものもあります。文化財として認められ保存されることは、基本的には望ましいと思いますが、指定に関する統一的な基準がないため、指定基準や件数は都道府県ごとにバラツキがあります[2]。

　こうした課題があるとはいえ、アジア・太平洋戦争終結から77年が過ぎ、戦争体験者はもちろん、戦争の記憶をお持ちの方が年々減少する状況では、戦争の歴史や記憶が刻印された戦争遺跡は貴重な教材となります。

　しかし、ここで留意して欲しいことは、戦争遺跡に象徴されるモノは、ヒトからの働きかけがなければ（これを「コト化」といいます）、寡黙なモノのままということです。モノがヒトに代わって戦争の歴史と記憶を継承するためには、地域に残る戦争遺跡に問いかけ、教材として活用することが重要となります。

茨城県域の戦争遺跡

　資料19（p.131）は、関東地方における海軍航空隊（航空基地）と陸軍飛行学校（飛行場）、民間飛行場を示したものです[※3]。

　茨城県域の戦争遺跡に注目してください。帝都東京から距離が近く、広大な平坦地・平地林も存在し、飛行訓練にも適した筑波山や霞ヶ浦・北浦・鹿島灘を有する茨城県域には、数多くの海軍航空隊・航空基地や陸軍飛行学校・飛行場が設置されたことがわかります。

　このなかで最初に開隊したのは、横須賀海軍航空隊（1916年4月1日）、佐世保海軍航空隊（1920年12月1日）についで全国で3番目、1922年11月1日付で稲敷郡阿見村（現阿見町）に開隊した霞ヶ浦海軍航空隊です。霞ヶ浦海軍航空隊には、航空術の教育と研究を行う練習部が置かれました。その後、霞ヶ浦や北浦周辺に、筑波・百里原・鹿島・谷田部・土浦・北浦・神之池の各海軍航空隊が開隊されました。

　一方、陸軍では、水戸・鉾田の両陸軍飛行学校、水戸南・水戸北・西筑波・下館の各飛行場と特攻機の秘匿飛行場である龍ヶ崎飛行場が建設されました（『フィールドワーク　茨城県の戦争遺跡』）。

特攻基地化

　こうした茨城県域の戦争遺跡において注目して欲しいことは、ここから数多くの航空特攻隊が生まれたことです。

　資料20（p.132）は、茨城県域の海軍航空隊や陸軍教導飛行師団で特攻訓練を受け、九州の特攻基地から出撃した特攻隊を示したものです。

　海軍最初の特攻隊となる神風特別攻撃隊——「かみかぜ」でなく「しんぷう」です——は、フィリピン戦線で編制された敷島・大和・朝日・山桜・菊水の各部隊です[※4]。この時指名された25人の隊員のうち、海軍兵学校出身の指揮官（敷島隊隊長）を除く24人の隊員が、1940年11月に開隊した土浦海軍航空隊に、1942年4月に入隊した海軍飛行予科練習生（予科練生）でした。

　予科練とは、現在の中学校3年生に相当する小学校高等科卒業、もしくは中学校2年終了程度の14歳から18歳の少年を対象に、海軍航空搭乗員としての基礎的な知識や技能を習得させる制度です。1930年に横須賀海軍航空隊に入隊した第1期生は79人でしたが、練習航空隊の新設や戦争末期の大量採用にともない増加し、総数は24万人を数えました。太平洋戦争開戦直後に海軍航空搭乗員の約40％を占めた予科練出身者は、1944年4月には90％に達したといわれます。

　資料21（p.134）は、4回目の出撃でアメリカ護衛空母を撃沈した敷島隊の「殊勲」を報じた新聞です。中野磐雄・谷暢夫の2人が筑波山を仰ぎ、霞ヶ浦で航空搭乗員としての基礎教育を受けた、土浦海軍航空隊・予科練出身者です。「神鷲」という表現は、「若鷲」と呼ばれた予科練生が「海鷲」（海軍航空搭乗員）となり、特攻死によって「英霊」として靖国神社の祭神になったことをうかがわせます。2人が休日に外出した土浦市や阿見村の人びとは、この新聞を

どのような想いで読んだのでしょうか。

　一方、陸軍最初の特攻隊は、筑波山や霞ヶ浦に近い、鹿島郡新宮村・上島村・白鳥村（現鉾田市）に設置された鉾田陸軍飛行学校が、本土防空のために編制替えした鉾田教導飛行師団で編制された万朶（ばんだ）隊でした。

　同じ頃、海軍により、特攻専用機「桜花」が開発されました。「桜花」は頭部に爆弾を搭載した一人乗りの高速滑空機で、母機（一式陸上攻撃機）の胴体に吊り下げられて目標付近で切り離され、ロケット燃料で加速したのち滑空して目標に体当たりする兵器です。最初から生還は考えられていない特攻専用機のため着陸装置の車輪はなく、「人間爆弾」と呼ばれました。この「桜花」を装備する航空隊が、東茨城郡白河村・橘村（現小美玉市）に開隊した百里原（ひゃくり）海軍航空隊[5]や、鹿島灘を望む鹿島郡高松村（現鹿嶋市）・息栖村（現神栖市）に開隊した神之池海軍航空隊に置かれ、特攻訓練が行われました（『特攻隊の〈故郷〉　霞ヶ浦・筑波山・北浦・鹿島灘』）。

　やがて、鹿屋・知覧・万世など九州各地の特攻基地から、爆弾もろとも敵艦隊などに体当たりする特攻隊が沖縄方面に向け出撃する特攻作戦が常態化されますと、茨城県域の海軍航空隊や陸軍教導飛行師団は、特攻隊の訓練基地となりました。

　「玉砕」と同様、日本軍の非人間的な体質が遺憾なく発揮されたこの時期に、短い訓練期間のために熟練した技能を習得できないまま、若い搭乗員が特攻隊員として、なかには水上・水中特攻隊員として出撃し、多くが戦死しました。

戦争遺跡の戦後

　茨城県域の海軍航空基地や陸軍飛行場の戦後の土地利用に関しては、①終戦直後の緊急開拓事業により農地や住宅地に転用されたもの、②高度経済成長にともない工業用地となったもの、③公共施

設・民間企業に転用されたもの、④自衛隊・米軍基地施設となったものという四つに分類されます（資料20参照）。

　農地・住宅地・工業用地となった場所は、現存する構造物や遺構が少なく、跡地からかつての歴史を想起することは難しい状況です。一方で公共施設・民間企業や自衛隊施設に転用された構造物や遺構は、改修・改造されたとはいえ、今なお当時の雰囲気を伝えています。そして、こうした建造物や遺構を保存・活用する動きも生まれています。

　2011年まで茨城県立友部病院管理棟として使用されていた旧筑波海軍航空隊司令部庁舎は、県立友部病院が隣接地に県立こころの医療センターとして移転した後に取り壊しの予定でした。しかし、映画「永遠の0〔ゼロ〕」のロケ地となったことをきっかけに[6]、2013年12月に筑波海軍航空隊記念館として再整備され、2018年6月には旧司令部庁舎隣の旧検査棟が展示スペースに改装され、新しい筑波海軍航空隊記念館が誕生しました（第4講扉写真参照）。

　また、1997年まで東京医科歯科大学霞ヶ浦分院施設として利用され、2013年に美浦村〔みほ〕に払い下げられた旧鹿島海軍航空隊司令部庁舎をはじめとする鹿島海軍航空隊跡地は、鹿島海軍航空隊の記憶を継承するための方策が検討されています[7]。

予科練特攻の記憶

　霞ヶ浦・土浦海軍航空隊があった阿見町には、現在、予科練にちなむ二つの記念館があります。一つは陸上自衛隊土浦駐屯地の敷地内に建つ雄翔〔ゆうしょうかん〕館です。予科練出身戦没者の遺書・遺品約1500点を収蔵・展示する記念館で、予科練出身戦没者の慰霊・顕彰を目的に組織された財団法人海原会が、1968年に建設しました。館内には、48人の予科練生の人生が遺影・遺書・遺品と特攻死・戦死した場所を示したパネルで紹介され、あわせて約500人の遺影が飾られて

います。

　雄翔館の前には霞ヶ浦海軍航空隊で副長をつとめた山本五十六の像が建ち、隣には予科練出身戦没者約1万9000人の霊璽簿を納めた慰霊碑「予科練之碑文（予科練二人像）」を正面に配した記念庭園雄翔園があります。雄翔園中央の芝生は桜の花びらをかたどり、芝生周りの敷石は錨を、芝生の中の七つの石は予科練生制服の七つのボタンと七つの海を表現したものといわれます。

　もう一つは、雄翔館から約200mの場に建つ予科練平和記念館です。戦争の記憶を若い世代に継承する方法として「予科練に志願した昭和の少年たち」の思い出を伝えるという方法を選択した阿見町が建設し、2010年に開館しました。館内は、七つボタンをモチーフとした入隊／訓練／心情／飛翔／交流／窮迫／特攻の七つの空間から構成された常設展示室と、企画展示や講演会・研修会など交流活動を展開する20世紀ホール、情報ラウンジなどがあります。阿見町における予科練特攻の記憶は、この二つの記念館を通して今なお継承されています。

　こうした状況をふまえますと、予科練平和記念館に象徴される、戦争に関する歴史と記憶を展示する地域の戦争／平和資料館の存在意義は、ますます重要になります。近年、戦争／平和資料館の入館者が減少傾向にありますが、積極的に活用して欲しいと思います※8。

【注】───────────────────────────────

※1　1915年の建設時には広島県物産陳列館と呼ばれ、原爆投下時には内務省中国四国土木出張所や広島県地方木材株式会社などの事務所として使用されていました。戦後しばらく放置され、1950年頃から原爆ドームと呼ばれるようになりました。1歳で被爆し白血病により1960年4月に16歳で亡くなった楮山ヒロ子がなくなる前年の8月6日に日記に書き残した「あのいたいたしい産業奨励館だけがいつまでもおそる（べき）げん爆を世にうったえてくれるのだろうか」という一節などが契機となり保存運動が活発化し、1966年10月に広島市議会で永久保存が決

議されました。原爆ドームの世界遺産登録の過程で、文化財保護法における史跡指定基準が変更され（指定範囲が第二次世界大戦終結の時期まで拡大）、1995年6月27日に国指定史跡となり、9月28日に世界遺産に推薦されました。第二次世界大戦の惨禍を今に残す施設としては、ポーランドの「アウシュヴィッツ・ビルケナウ　ナチス・ドイツの強制絶滅収容所」（1979年登録）に続くものでした（『原爆ドーム　物産陳列館から広島平和記念碑へ』）。

※2　2022年8月現在、戦争遺跡としての指定・登録文化財は342件を数えます。内訳は、国指定文化財39件、県指定22件、市区町村指定157件、国登録96件、県市区町村登録16件、道遺産・市民文化会資産11件、その他1件です。地域別では、九州・沖縄111件、都道府県別では北海道43件（ついで沖縄県28件、鹿児島県26件）が最多です（『戦争遺跡保存全国ネットワークニュース』No54、2022年10月22日発行）。

※3　試製基地要図は第一（千島樺太地方）から第七（九州地方）まで作成され、関東地方に限らずいずれの地方でも陸海軍関連施設が数多く建造されました。第七（九州地方）の地図には、海軍陸上基地・海軍水上基地・陸軍飛行場・民間飛行場の凡例がついています。

※4　部隊名は本居宣長の和歌「敷島の大和心を人問はば　朝日に匂ふ山桜花」と楠木正成の旗印である菊水から採用されました。

※5　百里という地名の語源は、徳川（水戸）光圀が、下総の九十九里に対抗してつけたものといわれています。百里原海軍航空隊跡には、1966年に航空自衛隊百里基地が置かれ、2010年には軍民共用空港の茨城空港が開港しました。

※6　映画の主人公である宮部久蔵が筑波海軍航空隊で編制された沖縄特攻隊「筑波隊」の掩護と成果確認を任務とする直掩機の搭乗員で、宮部の教え子が筑波海軍航空隊で訓練を受けた海軍飛行予備学生という設定であったことによります。

※7　旧庁舎の背後に職員宿舎を併設して配置された病棟は最大時には3棟（165床）を数えました。1971年に敷地の一部が国立公害研究所（現国立環境研究所）に移管され、2009年11月には湖岸施設が「霞ヶ浦湖岸施設」として土木学会選奨土木遺産に認定されました。現在、美浦村が所有する土地は、旧庁舎、ランカシャーボイラー2台が残る汽缶場、自力発電所、自動車庫4棟が残る北側約4.3haとソーラーパネルが設置されている南側の約3.3haです（美浦村『鹿島海軍航空隊跡地基礎調査報告書』2021年）。

※8　朝日新聞が第二次世界大戦の展示をメインとする全国の平和資料館を対象に行ったアンケートによりますと、広島平和記念資料館を除き、多くの平和資料館の入場者が減少しているとのことです。入場者の減少が目立ったのは沖縄で、戦後60年の2005年と、アンケートの対象となった2018年度を比べた時、ひめゆり平和祈念資料館は42％減（約92万人→約53万人）、沖縄県平和祈念資料館は16％減（約42万人→約35万人）でした。ほかにも、呉市海事歴史科学館（大和ミュージアム、57％減）、静岡平和資料センター（49％減）、大阪国際平和センター（ピースおおさか、21％減）など、入場者が減少している博物館が多いとのことです（2020年1月14日付『朝日新聞』）。これは新型コロナ禍前のデータですから、現在はもっと深刻な状況と思われます。

（2）　16歳の戦争

戦時下の教育

　1941年 4 月、1872年の学制以来、長年親しまれてきた小学校の名称がなくなり、国民学校が誕生しました。国民学校では、義務教育が従来の 6 年から 8 年に延長され（1944年度から実施の予定でしたが戦局の悪化により中止）、国民科・理数科・体錬科・芸能科・実業科の 5 教科に統合されました。教科教育では、知識注入主義を退けて環境や生活に対する活動を重視することなどの斬新な点も見られましたが[9]、何よりも総力戦体制に見合う少国民の養成と兵士の資質向上という軍事的観点から、「皇国の道」に即した「錬成」が学校教育の柱とされたことが最大の特徴でした。このため学校は「少国民錬成の道場」とされ、儀式・学校行事や体錬科が重視されました。

　資料22（p.135）は、1941年 4 月の学校系統図です[10]。義務教育である国民学校を卒業した少国民のその後の進路は、おおよそ次の五つのルートがありました。

　一つは、中学校―高等学校―帝国大学というルートです。高等学校は32校、帝国大学は 7 校（他に京城・台北）、帝大生は同年齢男性のわずか0.1％でしたので、まさに男子の学歴エリートです。

　二つ目は、中学校―高等学校―官立・公立・私立大学というルートです。1919年 4 月に大学令が施行され、官立・公立・私立・単科大学が正式に大学として認められました。この結果、1940年には、帝国大学や東京商科（現一橋大）・東京工業（現東京工業大）・東京文理科（現筑波大）などの官立大学12校、公立大学 2 校（京都府立医科大・大阪商科大）、慶應義塾・早稲田・東京慈恵会医科などの私立大学26校が大学となっていました。これらは、一つ目に続く準学歴エ

リートです。もっともここで留意して欲しいことは、一つ目と二つ目の入学資格は原則的には男性のみであったことです。

　三つ目は、中学校・高等女学校を経て、さらに上級の教育機関である（高等）専門学校・（高等）師範学校・実業学校へ進学するルートです。1941年、中学校は全国で633校、高等女学校は933校を数えましたが、まだ狭き門でした。国民学校教員の供給源となった師範学校は、給費・寮制度であったため、経済的に恵まれないけれども学業に熱意をもつ男女の有力な進学先となりました。女子の場合は女子専門学校を出て職業婦人になる者もありました。

　四つ目は、中学校・高等女学校を終えて、社会に出るルートです。学校所在地の地域で就職し、やがて地元の有力者になる者も現れました。

　五つ目は、国民学校高等科を卒業して社会に出るルートです。中学校に進学できる者が同年齢男性の約10％でしたから、数字の上ではこのルートが圧倒的な数を占め、約70％が高等科に進学したといいます。卒業後の進路としては、農・漁・商家の長男の場合は家業を継ぐ、次・三男や女子の場合は都市部で労働者となるなどが一般的でした。

　この五つのルートのうち、四つ目と五つ目のルートのなかの経済的な理由などにより中学校へ進学できない者や、中学校卒業で学歴が終わる者に着目したのが陸海軍です。

　従来も、陸軍幼年学校・陸軍予科士官学校・陸軍経理学校、海軍兵学校・海軍機関学校・海軍経理学校など、士官を養成する学校に志願する者はいました。

　しかし、飛行兵の養成が急務となったこの時期、陸海軍はともに、徴兵適齢前の少年に対し、飛行兵の募集・勧誘を積極的に行います。陸軍は、少年飛行兵制度（1933年）のもと、国民学校高等科卒業程度の少年を陸軍（少年）飛行学校などの学校で養成しまし

た。海軍は、高等科卒業程度の少年から選抜した飛行予科練習生(予科練、乙飛)に加え、中学校卒業程度の甲種飛行予科練習生（甲飛、1937年）を、海軍練習航空隊で養成しました[11]。

大日本帝国陸海軍の兵士の供給源は、兵役法による徴兵だけでなく、国民学校高等科・中学校に在学中の現在の高校生に相当する16歳の少年たちにまで拡大したのです。

満蒙開拓青少年義勇軍

陸海軍とならび、青少年たちを供給源としたのが、拓務省・満州移住協会、道府県の教育会が主体となって推進した満蒙開拓青少年義勇軍です[12]。

満蒙開拓青少年義勇軍とは、16歳から19歳の青少年を全国から道府県単位で集め、国内の訓練所で約2、3か月の基礎訓練、満州の義勇隊訓練所で約3年間の訓練を行い、満州に永住する開拓農業者を養成するものです。1938年から始まりました。内地の若年層を満州に送出し、10町歩(10ha)の土地を所有する農業移民を養成することが目的とされましたが、実際は徴兵検査前の青少年を入植させ、現地で徴兵検査を受け、関東軍指揮下の現地部隊に直接入営させるという関東軍の軍事的要請により生まれたものです。

義勇軍の募集は、拓務省や移民事業を推進・宣伝する機関である満州移住協会を通して、すべての道府県に割り当てられました。各道府県は、教育会が主体となり小学校・市町村役場や在郷軍人会などの協力を得て、小学校高等科卒業生や農家の次・三男を対象に熱心に募集活動を行いました。

義勇軍の国内訓練所として、茨城県東茨城郡下中妻村小林地区(現水戸市内原)に内原訓練所が開設され、運営は満州移住協会があたり、協会理事の加藤完治が所長をつとめました。

訓練生は、「日輪兵舎」と呼ばれる宿舎に、郷土を同じくする小

隊（約60人）単位で生活し、内務訓練・農業訓練・教練などさまざまな訓練を受けました。

　資料23（p.134）は、1942年4月現在の道府県別の義勇軍送出数を示した「番附」です。東日本では長野・山形・福島県、西日本では広島・熊本・山口県が横綱・大関・関脇を占め、沖縄や朝鮮からも義勇軍が送出されていることがわかります[13]。

　1945年8月に送出が中止されるまで、内原訓練所に入所した訓練生は約10万人、訓練を終え「鍬の戦士」として満州に渡った義勇軍は約8万6500人に及びました（『満蒙開拓　青少年義勇軍物語　「鍬の戦士」の素顔』）。

【注】

※9　使用する国定教科書も改訂され、明るい色彩やイラストを用いた絵本のような作りで、子どもたちに親しみを感じさせるものでした。しかし、内容は社会情勢を反映した国家主義的色彩が濃く、2年生修身教科書『ヨイコドモ下』には、「日本　ヨイ　国、キヨイ　国。世界ニ　一ツノ　神ノ国」という文章があります。文部省唱歌「ふじの山」も、「ふじは日本一の山」から「世界だい一神の山」と歌詞が変更されました。子どもたちは神国思想にもとづいた選民意識を教え込まれ、軍国日本の少国民として育成されました。1943年5月頃茨城県の国民学校生徒が国史の授業中に「天孫降臨」の掛図を見せられ、「先生そんなのウソだっぺ」といったところ、茨城師範学校出身の若い教員は「貴様は足利尊氏か、とんでもない奴だ」と怒鳴りつけ、生徒の頭を木刀で強打したというエピソードがあります（唐沢富太郎『教科書の歴史―教科書と日本人の形成』創文社、1956年）。足利尊氏は後醍醐天皇に叛いた「逆賊」――天皇に至誠純忠を貫いた「忠臣」が楠木正成です――とみなされていましたから、「足利尊氏」と呼ばれることは、「非国民」の烙印を押されることを意味しました。

※10　国民学校2万6107校、中学校633校、高等女学校933校、実科高等女学校193校、実業学校1497校、高等学校32校、専門学校（実業専門学校を含む）201校、師範学校103校、高等・女子高等師範学校4校、盲・聾唖学校128校を数えました（文部省『学制百年史』1972年）。青年学校は、国民学校初等科・高等科を卒業した勤労青少年を対象に軍事教練や教育を行った教育機関で、1935年4月に設立されました。青年師範学校は青年学校教員養成機関です。なお、筑波大学の前身は、東京高等師範学校と東京文理科大学（1929年）です。

※11　甲種は中学校在学中の志願入隊のため、戦後は基本的に旧制中学校卒業の学歴を認定されましたが、乙種は高等小学校卒業など入隊前の学歴となりました。

※12　満蒙とは、南満州と東部内蒙古を合わせた地域を日本とロシアが名付けた地域概念です。「満」とは、第2回日露協約（1910年）の附属秘密協定で日本の勢力範

囲となった南満州、「蒙」とは第3回日露協約（1912年）の附属秘密協定で日本
の特殊利益地域となった内モンゴル（内蒙古）の東側（東部内蒙古）です。日本
側の外交記録に「満蒙」が登場するのは第3回日露協約以降の1912年です（『こ
の国の戦争　太平洋戦争をどう読むか』）。

※13　満蒙開拓青少年義勇軍の送出は、満州と気候風土が似ている都道府県が多いと考
えがちですが、各都道府県の農家戸数を基準に割当てられました。しかも国策で
すから、朝鮮を含むすべての都道府県に及んでいます。長野県が青少年義勇軍を
全国で最も多く送出した理由として、①大正期のブラジル移民をはじめ海外移民
に対する関心が高い、②満蒙研究室の開設、「興亜教育」の推進など信濃教育会
による積極的な啓蒙活動、③学務部職業課・拓務課などの行政機構の整備、農
会・産業組合・青年団など官民一体の全県的な移民運動、④蚕繭糸生産価格の暴
落や農村窮乏などの経済的要因が指摘されています（長野県歴史教育者協議会編
『満蒙開拓青少年義勇軍と信濃教育会』大月書店、2000年）。広島県が西の横綱
であることにも注目してください。

（3） 戦争と大学

学徒出陣

　徴兵制度は国民皆兵をスローガンにしていましたが、学術による国家への貢献を期待されていた大学・高等学校・専門学校の学徒（学生・生徒）は、26歳まで徴兵が猶予されていました。高学歴者には徴兵猶予という優遇措置が与えられていたのです[14]。

　1943年10月、戦局の悪化により、理工科系統および教員養成諸学校の学生を除く、大学生および高等学校・専門学校生徒の徴兵猶予が廃止されました。12月、約10万人の学徒兵がペンを捨てて剣を執り、戦場へ赴きます。これが学徒出陣です。これ以降、在学年限の短縮や徴兵年齢の引き下げにより、多くの学徒が学窓から軍隊に送り込まれます。

　学徒出陣は、学徒兵の手記などにより、若者の悲劇として語られます[15]。しかし、すでに学歴とは縁のない同世代の若者が戦場に赴き数多く戦死していました。国家総動員や総力戦のなか、開戦から2年近く過ぎた1943年10月まで、多くの学徒が学業に専念できたという事実を見逃してはいけません。

　一方で、学徒は戦死した陸軍士官学校や海軍兵学校出身の現役士官の穴埋めとして戦場に送り出されました。とりわけ航空特攻では、陸軍操縦見習士官（特操）や海軍飛行科予備学生・予備生徒出身の学徒が、短期間の訓練で操縦技術が未熟なまま、特攻隊員として出撃しました[16]。

　航空特攻で戦死した航空兵の多くは、予科練と予備学生・予備生徒出身者です。特攻の世界では、学歴エリートも"捨て駒"に過ぎなかったのです。

戦時下の大学

　戦時下では、教化と学問が一体化され、「国体」を前提とした学術研究が奨励される一方、それを批判する研究は弾圧・排除の対象となりました。

　東京・京都両帝国大学や東京・広島両文理科大学に国体・日本精神に関する講座が設置されました。京都帝大における日本精神史講座の開講は、滝川事件（京大事件）で学問の自由を守るべく文部省と対立し、自由な学問研究の象徴的存在であった京都帝大にも、国家主義が席巻したことを物語るものでした。

　一方、帝国・官立大学と比べ、教育行政でも財政においても立場の弱い私立大学の対応はさらに厳しいものでした。宣教団から資金や人材の支援を受けているキリスト教系大学では、明治神宮の集団参拝や日本文化研究（上智大）、カリキュラムの変更（同志社大・関西学院大）などの方策により、大学としての生き残りを模索しました。仏教系大学（立正大・大正大）や神道系大学（國學院大・神宮皇學館大〔現皇學館大〕）は、時局に対応する科目を設置し、戦没者の慰霊行為を行うなどして存続を図りました。

　国体・日本精神の講座の開講と並行し、文部省は各大学に対して、教育勅語や御真影の下付を請願するよう積極的に働きかけました。紀元節・天長節などの祭日に御真影を掲げ、教育勅語を奉読する儀式が大学や高等学校などにまで広がるのはこの時期です。この結果、同志社・早稲田・立教・青山学院・慶應義塾をはじめ多くの大学が御真影を受け取る「奉戴式」を行いました[※17]。

国家と大学

　戦局の悪化や学徒出陣をうけ、文部省からの指示による学部学科等の改組・改変の動きはいっそう加速します。1943年10月に閣議決

定された「教育ニ関スル戦時非常措置方策」では、文科系学生や設備の削減・統合、理科系への転換（現在とは逆に「理転」といわれました）、理科系学生や設備の拡充、軍事的研究の整備・拡充などが指示されました。戦争遂行に重要な役割を果たすか否かで、学部・学科の設置や存続が決まったのです。

　近代日本の大学の量的拡充は、帝国大学と官公立私立大学という二つの大学系統により行われました。同時に、大学の存在意義は、帝国大学令と大学令により細かく規定され、戦局の悪化により何度も出された教育政策により、その変貌を余儀なくされました。

　しかし、ここで留意して欲しいことは、こうした国家による大学に対する圧力は、けっして戦時期特有の現象ではないということです。

　2015年6月、文部科学省は、18歳人口の減少や人材需要、国立大学としての役割をふまえた組織見直し計画を策定し、教員養成系や人文社会科学系学部・大学院の組織の廃止や社会的要請の高い分野への転換を積極的に取り組むよう努めよという通知を各大学に出しました。この通知をうけ、一部のマスコミは「人文社会系は私立大学で」と報じ、識者の間では国立大学で必要なのは職業人としてのスキルだ、いや大学は学術・教養を学ぶ場だといった大学論が交わされました。

　「理系は役に立つが、文系は役に立たない」「社会的要請の高い分野への転換」。このセリフ、どこかで聞いたことがありますね。戦時期の軍部の声が、現在は産業界の声に代わっただけのような気がします。

　これからの大学や大学教育はどうあるべきか――[18]。改めて戦時下の高等教育の歴史を問い直してください。

【注】

※14　本土決戦の時間稼ぎ——「捨て石」——として、硫黄島を除けば唯一の地上戦が
繰り広げられた沖縄では、徴兵年齢に満たない14歳から19歳の男子学徒が兵士
として、女学生も看護要員として、日本軍に動員されました。師範学校・中学校・
高等女学校などを含む21の諸学校の学徒約1900人が、学徒隊として戦場に駆り
出され、約1000人の男女学徒が命を落としました。第1講で述べたひめゆり学
徒隊の死亡率は約57％にのぼります。

※15　出陣学徒の遺稿集としては、学徒兵出身の特攻隊員らの手記である『はるかなる
山河に』（1947年）、『きけ　わだつみのこえ』（1949年）などが有名です。『きけ
わだつみのこえ』の冒頭に遺稿が掲載された上原良司（長野県出身、慶應義塾大
学経済学部学生で学徒出陣により松本歩兵第50連隊に入隊し、常陸教導飛行師団
で編制された陸軍特別攻撃隊第56振武隊として知覧より出撃、沖縄嘉手納湾で特
攻死）は、「所感」と題する遺稿に「明日は一人の自由主義者が一人この世から
去って行きます」と書いています。遺稿は出撃前日に報道班員の求めに応じたも
ので、上原の本音が認められています。長野県上田市郊外にある戦没画学生慰霊
美術館「無言館」には、東京美術学校（現東京芸術大学）をはじめとする戦没画
学生たちの遺作が展示されています。庭には摩文仁の丘の石が敷きつめられてい
ます。

※16　東京ドーム21番ゲート前に戦死した職業野球（プロ野球）選手69人の名前が刻
まれた「鎮魂の碑」があります。1981年に後楽園球場脇に建立されましたが、
1988年東京ドームの完成により現在地に移りました。このなかで、特攻死し
た人物は朝日軍の渡辺静と名古屋軍（現中日ドラゴンズ）の石丸進一です。とも
に投手でした。
　　職業野球人のなかには野球を続けるため、大学・専門学校に籍を置く者もお
り、渡辺は大阪専門学校、石丸は日本大学専門部に学籍がありましたが、学徒出
陣により徴兵召集されます。
　　渡辺は、陸軍に入隊し、1945年6月、陸軍特別攻撃隊第165振武隊員として知
覧特攻基地より出撃、沖縄周辺にて21歳で戦死しました。石丸は、佐世保の相浦
海兵団に入団、1944年2月には海軍飛行予備学生として土浦海軍航空隊に入隊し
ます。そして1年後の2月、筑波海軍航空隊で編制された沖縄特攻「筑波隊」の
一員となり、1945年5月、第5筑波隊として鹿屋特攻基地から出撃し、沖縄沖
で戦死しました（『特攻隊の〈故郷〉　霞ヶ浦・筑波山・北浦・鹿島灘』）。

※17　戦時下の大学については、白井厚編『大学とアジア太平洋戦争　戦争史研究と体
験の歴史化』（日本経済評論社、1996年）、江島尚俊・三浦周・松野智章編『シ
リーズ大学と宗教Ⅱ　戦時日本の大学と宗教』（法藏館、2017年）などを参照し
てください。

※18　文部科学省の学校基本調査によりますと、1989（平成元）年度に24.7％であった
大学進学率は上昇を続け、2022（令和4）年度には過去最高水準の56.6％と半数
以上が進学する状況となりました。数値の上で志願者と入学定員が逆転し「大学
全入時代」が到来しつつあります。

おわりに

1945年9月3日付『毎日新聞』第一面

ミズーリ号艦上には、真珠湾攻撃当日に大統領執務室に飾られていた
ものとペリー提督の戦旗に掲げられていたものとの2本の星条旗が飾
られました。ミズーリ号は、「太平洋戦争」の終わりを象徴するモニ
ュメントとして、真珠湾攻撃で沈んだ戦艦アリゾナを記念するアリゾ
ナ・メモリアルの隣に展示されています。

おわりに ━━━━━━━━━━━━━━━━━━━━━━━━━━━

　以上、本講習では四つの場からアジア・太平洋戦争を問い直しました。最後に受講者にメッセージを二つ述べます。

　一つは、「グローカルな学び」を心がけてくださいということです。「私」が生まれ育ち、生活する場（ローカル）を起点／基点に、「私たち」の生活空間となるリージョナル／ナショナル／リージョナル／グローバルと重層的に捉えながら相互の"つながり"を考え、さらにグローバルからローカルに向かい問いかけるという"循環する学び"です。

　グローバル・ヒストリーが流行している現在、改めてローカルな知の力を信じ、足もとに埋もれている社会的事象を見つめ、足もとから問い直す「グローカルな学び」を実践してください。今回の沖縄／広島・長崎／帝都東京／茨城というテーマは、そうした想いから設定しました。

　もう一つは、アジア・太平洋戦争の体験や記憶をお持ちの方が減少しているなか、こうした状況だからこそ、改めて歴史の当事者が語る声に耳を傾け、言葉として発せられた体験や記憶から学んだことを、後世に継承して欲しいと思います。

　聞き取り学習は、小・中学校ですでに何度も行われていますが、その作法に違いがあることと聞き取り調査の重みにも留意してください。当事者の声に耳を傾けるときの姿勢は、小学生は耳を澄まして話を聞く（hear）、中学生は文脈やポイントにこだわりながら聴く（listen to）のに対し、高校生は質問や疑問を訊く（ask）ことが一般的ですから、問題意識─問い─を持つことが重要です。そして、聞き取りは、忘れていた、心の奥底に眠っていた記憶を当事者に気づかせることにつながる一方で、思い出したくない、忘れたい記憶を蘇らせることにもなることに注意してください。

　後になって過去を変えたり、起こらなかったことにするわけに
　はまいりません。しかし過去に目を閉ざす者は結局のところ現
　在にも盲目となります（『新版　荒れ野の40年―ヴァイツゼッカー
　大統領ドイツ終戦40周年記念演説』永井清彦訳、岩波ブックレット、
　2009年）。

　これは、1985年５月８日、ドイツの第二次世界大戦終結40周年記
念式典で行われましたヴァイツゼッカー西ドイツ大統領の演説の一
部です。演説では、歴史を学ぶ者が、過去のさまざまな歴史事象に
ついて、みずからの思索を重ねる時にこそ、過去の惨禍についての
痛切な反省の糧を得られることが述べられています。

　現在、世界で起きている戦争・紛争・分断・貧困・飢餓などの問
題も、現在だけを切り取り、いま・ここという空間だけを見ても理
解することはできません。

　私たちは、歴史を教訓として思索と反省を重ねることで、自らを
知り、自己認識を深めるとともに、明日の社会を歩む道筋を得るこ
とができます。グローバル化が進展する現在、諸国民や諸民族と平
和で友好な交流をするためには、自らの国家や地域の歴史や文化に
ついて学ぶことが重要です。その際に必要な作法は、さまざまな資
料を自分自身の眼で読み解き、歴史事象を多面的多角的に考察する
ことです。考え方や価値観の違いを超え、さまざまな立場や視点か
ら歴史を問い直すことを通して、希望ある未来を描きましょう。

【主要参考文献】————————————————————

【第1講】沖縄
- 浅井春夫『沖縄戦と孤児院　戦場の子どもたち』吉川弘文館、2016年
- 新城俊昭『2045年のあなたへ—私たちは沖縄戦から何を学んだのか』沖縄学販、2016年
- 石原昌家『国家に捏造される沖縄戦体験—準軍属扱いされた0歳児・靖国神社へ合祀』インパクト出版、2022年
- 岩波書店編・発行『記録・沖縄「集団自決」裁判』2012年
- NHK沖縄放送局編『沖縄戦の絵　地上戦　命の記録』日本放送出版協会、2006年
- 大城将保『沖縄戦の真実と歪曲』高文研、2007年
- 大田昌秀『沖縄の「慰霊の塔」　沖縄戦の教訓と慰霊』那覇出版社、2007年
- 大田昌秀『沖縄　平和の礎』岩波新書、1996年
- 沖縄県生活福祉部援護課編集・発行『平和への証言　沖縄県立平和祈念資料館ガイドブック』1983年
- 沖縄県平和祈念資料館編集『沖縄県平和祈念資料館　総合案内』2001年
- 沖縄県平和祈念財団編集・発行『沖縄の慰霊塔・碑』2007年
- 沖縄県読谷村史編集委員会編『読谷村史』第5巻資料編4　戦時記録上巻・下巻、2002年・2004年
- 沖縄タイムス社編著『鉄の暴風—沖縄戦記』沖縄タイムス社、1950年
- 奥田博子『沖縄の記憶—〈支配〉と〈抵抗〉の歴史』慶應義塾大学出版会、2012年
- 川平成雄『沖縄　空白の一年　1945—1946』吉川弘文館、2011年
- 川満彰『沖縄戦の子どもたち』吉川弘文館、2021年
- 北村毅『死者たちの戦後誌—沖縄戦跡をめぐる人びとの記憶』御茶の水書房、2009年
- 対馬丸記念会編集・発行『対馬丸記念館　公式ガイドブック』2016年
- 林博史『沖縄戦が問うもの』大月書店、2010年
- 比嘉豊光・西谷修編『フォト・ドキュメント　骨の戦世　65年目の沖縄戦』岩波ブックレット、2010年
- ひめゆり平和祈念資料館編『ひめゆり平和祈念資料館　ブックレット』沖縄県女師・一高女ひめゆり平和祈念財団、2021年
- 真鍋禎男『沖縄　戦跡が語る悲惨』沖縄文化社、2016年
- 屋嘉比収『沖縄戦、米軍占領史を学びなおす　記憶をいかに継承するか』世織書房、2009年
- 吉浜忍・林博史・吉川由紀編『沖縄戦を知る事典　非体験世代が語り継ぐ』吉川弘文館、2019年

【第2講】広島・長崎
- 奥住喜重・工藤洋三・桂哲男訳『米軍資料　原爆投下報告書—パンプキンと広島・長崎』東方出版、1993年
- 奥田博子『原爆の記憶—ヒロシマ／ナガサキの思想』慶應義塾大学出版会、2010年

・奥本剛『呉・江田島・広島戦争遺跡ガイドブック　増補改訂版』潮書房光人社、2016年
・金子力・工藤洋三『原爆投下部隊　第509混成群団と原爆・パンプキン』私家版、2013年
・川口隆行編著『〈原爆〉を読む文化事典』青弓社、2017年
・木村朗・高橋博子『核の戦後史　Ｑ＆Ａで学ぶ原爆・原発・被ばくの真実』創元社、2016年
・木村朗・ピーター・カズニック『広島・長崎への原爆投下再考―日米の視点』法律文化社、2010年
・志賀賢治『広島平和記念資料館は問いかける』岩波新書、2020年
・四條知恵『浦上の原爆の語り―永井隆からローマ教皇へ』未來社、2015年
・豊田英二『決断―私の履歴書』日経ビジネス人文庫、2000年
・白井久夫『幻の声　NHK広島８月６日』岩波新書、1992年
・長崎市編集『長崎原爆資料館図録　ながさき原爆の記録』長崎平和推進協会、1996年（2019年第８刷）
・長崎平和推進協会編集・発行『長崎原爆資料館　資料館見学・被爆地めぐり「平和学習」の手引書　増補改訂版』2021年
・長崎平和推進協会編集・発行『長崎の原爆遺跡・慰霊碑ウォークマップ　長崎原爆の記憶』2021年
・中沢啓治『はだしのゲン　わたしの遺書』朝日学生新聞社、2012年
・東琢磨・川本隆史・仙波希望編『忘却の記憶　広島』月曜社、2018年
・広島地理教育研究会『ひろしま地歴ウォーク』空の下おもてなし工房、2018年
・広島平和記念資料館編『図録　原爆の絵　ヒロシマを伝える』岩波書店、2007年
・広島平和記念資料館『広島平和記念資料館総合図録―ヒロシマをつなぐ』広島平和文化センター、2020年
・松木秀文・夜久恭裕『原爆投下　黙殺された極秘情報』NHK出版、2012年
・山極晃・立花誠逸編、岡田良之助訳『資料　マンハッタン計画』大月書店、1993年
・吉田守男『原爆は京都に落ちるはずだった』パンダ・パブリッシング、2016年
・吉村和真・福間良明編著『「はだしのゲン」がいた風景―マンガ・戦争・記憶』梓出版社、2006年

【第3講】東京

・秋山久『君は玉音放送を聞いたか　ラジオと戦争』旬報社、2018年
・荒井信一『空爆の歴史―終わらない大量虐殺』岩波新書、2008年
・永六輔監修『八月十五日の日記』講談社、1995年
・NHKスペシャル取材班『戦争の真実シリーズ①　本土空襲全記録』KADOKAWA、2018年
・奥住喜重『中小都市空襲』三省堂、1988年
・奥住喜重『B-29　64都市を焼く　1944年11月より1945年８月15日まで』揺籃社、2006年

・奥住喜重・日笠俊男『米軍資料　ルメイの焼夷電撃戦　参謀による分析報告』岡山空襲資料センター、2005年
・老川祥一『終戦詔書と日本政治—義命と時運の相克』中央公論新社、2015年
・川島真・貴志俊彦編『資料で読む世界の8月15日』山川出版社、2008年
・工藤洋三『日本の都市を焼き尽くせ！　都市焼夷空襲はどう計画され、どう実行されたか』私家版、2015年
・工藤洋三・奥住喜重編著『写真が語る日本空襲』現代史料出版、2008年
・栗原俊雄『東京大空襲の戦後史』岩波新書、2022年
・小山仁示訳『米軍資料　日本空襲の全容　マリアナ基地B29部隊　新装版』東方出版、2018年
・佐藤卓己『八月十五日の神話　終戦記念日のメディア学』ちくま新書、2005年
・竹山昭子『玉音放送』晩聲社、1989年
・千本秀樹『天皇制の侵略責任と戦後責任』青木書店、1990年
・東京大空襲・戦災資料センター編『東京・ゲルニカ・重慶　空襲から平和を考える』岩波書店、2009年
・前田哲男『新訂版　戦略爆撃の思想—ゲルニカ、重慶、広島』凱風社、2006年

【第4講】茨城

・伊藤純郎編『総合的学習で役立つ　調べてみよう地域・郷土』ぎょうせい、2000年
・伊藤純郎編『フィールドワーク　茨城県の戦争遺跡』平和文化、2008年
・伊藤純郎『歴史学から歴史教育へ』NSK出版、2011年
・伊藤純郎『特攻隊の〈故郷〉　霞ヶ浦・筑波山・北浦・鹿島灘』吉川弘文館、2019年
・伊藤純郎『満蒙開拓　青少年義勇軍物語　「鍬の戦士」の素顔』信濃毎日新聞社、2021年
・頴原澄子『原爆ドーム　物産陳列館から広島平和記念碑へ』吉川弘文館、2016年
・岡本充弘『過去と歴史—「国家」と「近代」を遠く離れて』御茶の水書房、2018年
・奥泉光・加藤陽子『この国の戦争　太平洋戦争をどう読むか』河出新書、2022年
・菊池実『近代日本の戦争遺跡　戦跡考古学の調査と研究』青木書店、2005年
・栗原俊雄『遺骨　戦没者三一〇万人の戦後史』岩波新書、2015年
・栗原俊雄『「昭和天皇実録」と戦争』山川出版社、2015年
・栗原俊雄『特攻—戦争と日本人』中公新書、2015年
・十菱駿武・菊池実編『しらべる戦争遺跡の事典』柏書房、2002年
・東郷和彦・波多野澄雄編『歴史問題ハンドブック』岩波書店、2015年
・蜷川壽惠『学徒出陣　戦争と青春』吉川弘文館、1998年
・福間良明『「戦跡」の戦後史—せめぎあう遺構とモニュメント』岩波書店、2015年
・山田朗『昭和天皇の戦争—「昭和天皇実録」に残されたこと、消されたこと』岩波書店、2017年

資　料　編

※上記の資料の掲載にあたっては、誌面の構成上、必ずしも資料番号の順通りになっていない箇所もあります。

資料1 沖縄戦関連年表

1944（昭和19）年 ─────────────

3月22日　南西諸島に第32軍を創設

7月7日　サイパン島の日本守備隊全滅、南西諸島の老幼婦女子・学童、集団疎開閣議決定　**集団自決**

8月3日　テニアン島の日本守備隊全滅（16000人、沖縄人3500人）**集団自決、「もう一つの沖縄戦」**

8月22日　疎開学童らを乗せた対馬丸、米潜水艦により撃沈

10月10日　米軍艦載機沖縄を空襲、県庁那覇市の90%焼失（10・10空襲）

1945（昭和20）年 ─────────────

1月20日　閣議、「沖縄県防衛強化実施要綱」決定

21日　米軍、南西諸島を攻撃

31日　島田叡県知事着任（6月、県庁解散、摩文仁で消息を絶つ）

2月19日　米軍、硫黄島に上陸（**3月17日、守備隊全滅**）

3月5日　県外疎開打ち切り、満15歳〜45歳の男女、全員現地召集

23日　米軍、慶良間諸島攻撃開始

26日　米軍、慶良間諸島占領。県立第一高等女学校生徒、南風原陸軍病院へ入隊（ひめゆり学徒隊）

4月1日　米軍、沖縄本島中部の読谷・北谷海岸に上陸、本格的な地上戦開始

7日　戦艦「大和」、九州南方で撃沈

16日　米軍、伊江島上陸、住民の集団自決

5月22日　第32軍、首里の司令部陣地を放棄、沖縄本島南部への撤退決定

25日　大本営、沖縄作戦に見切りをつける（沖縄の放棄）

31日　米軍、首里を占領

6月6日　米軍、那覇飛行場占領、**最高戦争指導会議「本土決戦方針」採択**

海軍沖縄方面司令官大田実、海軍次官宛に「沖縄県民斯ク戦ヘリ　県民ニ対シ後世特別ノ御高配ヲ賜ランコトヲ」の訣別電報、拳銃自決

10日　米軍の降伏勧告、牛島満第32軍司令官拒否（17日）

22／23日　牛島満司令官と長勇参謀長、摩文仁の司令部洞窟出口付近で自決（任陸軍大将、6月20日戦死）、日本軍守備隊の組織的抵抗は終結

25日　大本営、沖縄戦における日本軍の組織的作戦終結を宣言

7月2日　米軍、沖縄戦終結を宣言

8月4日　米軍、沖縄本島北部における掃討戦終了

15日　天皇、戦争終結の詔書を放送（玉音放送）、鈴木貫太郎内閣総辞職

29日　沖縄本島南部守備の第24師団歩兵第32連隊将兵約300人、米軍武装解除に応じ投降

9月2日　重光葵外相、梅津美治郎陸軍参謀総長、米戦艦ミズーリ号上で降伏文書調印

9月7日　先島群島司令官納見俊郎中将ら、嘉手納の米琉球兵団で降伏文書に調印、沖縄戦の事実上の終結

（川平成雄『沖縄　空白の一年　1945─1946』などをもとに作成）

資料2 沖縄戦に関する教科書記述の変遷

---

①2020年3月検定済　2021年2月発行

[空襲と沖縄戦]

　1945年3月、アメリカ軍が沖縄に上陸しました。日本軍は、特別攻撃隊（特攻隊）を用いたり、中学生や女学生まで兵士や看護要員として動員したりして強く抵抗しました（沖縄戦）。民間人を巻きこむ激しい戦闘により、沖縄県民の犠牲者は、当時の人口の約4分の1にあたる12万人以上になりました。その中には、日本軍によって集団自決に追いこまれた住民もいました。

【コラム】・ひめゆり学徒隊

---

②1996年2月検定済　1997年1月発行

[戦場となった沖縄]

　アジアでは、アメリカ軍が、東南アジア方面から北上して日本にせまり、1945（昭和20）年3月、沖縄が戦場となった。大規模な地上戦が行われた沖縄本島の南部はほとんど焼きつくされた。この戦争での沖縄県民の犠牲者は、県出身の兵士もふくめて、当時の沖縄県の人口のおよそ4分の1に当たる12万人以上にもなると推定されている。沖縄戦では、一般の住民や、中学校の男女生徒までもが、弾薬の運搬、負傷者の手当てなどに協力した。それにもかかわらず、住民のなかで、スパイの疑いとの理由で日本軍に殺害されたり、集団自決をする人々があったなど、悲惨な事態が各地におこった。

【図版】・終戦直後の沖縄県の人口

---

③1986年3月検定済　1987年2月発行

[日本の降伏]

太平洋戦線では、アメリカ軍がフィリピンを取りもどし、さらに北上して、1945年3月にはついに沖縄が戦場となった。沖縄本島の南部はほとんど焼きつくされた。この戦争での沖縄県民のぎせい者は、県出身の兵士もふくめて、当時の沖縄県の人口の4分の1に当たる15万人に達すると推定される。沖縄戦では、いっぱんの住民や、中等学校の男女生徒までもが、弾薬の運ぱん、負傷者の手当てなどに協力した。それにもかかわらず、住民のなかで、日本軍によってスパイの疑いをかけられて殺害される人々があったなど、悲惨な事態が各地に起こった。

【図版】・破壊された沖縄・戦場となった沖縄

---

④1977年4月検定済　1978年2月発行

[日本の降伏]

太平洋戦線では、アメリカ軍がフィリピンを取りもどし、さらに北上して、1945年にはついに沖縄が戦場となった。戦場となった沖縄では、9万もの兵士と、15万もの一般民衆が死んだ。本土への空襲も強まり、国民のぎせいはますますふえていった。

【コラム】・戦争と国民生活（「沖縄県史、沖縄戦記録1」より、沖縄戦記憶の語り）

（『新しい社会』東京書籍発行、各年版）

資料3 「慰霊の日」の新聞報道の変遷 (1981～2015年)

年	「天声人語」	社説（題）	社説（内容）	
1981				
1982	○			
1983	○	「沖縄慰霊の日」に思う	「6.23」という日付への疑問、教科書問題、「沖縄の犠牲者の声」に耳を澄ませることに平和の探求の拠り所があるとする	
1984	○			
1985		「いのちこそ宝」	沖縄戦の悲惨さを伝える、教科書問題批判	
1988		沖縄戦をどう語り伝えるか	沖縄戦の体験の継承、基地負担の問題、「沖縄の声に謙虚に耳を傾ける」	
1990		沖縄県慰霊の日を迎えて	歴代首相で初めて海部首相が追悼式に出席、平和教育の必要、基地問題	
1995	○	住民の犠牲を忘れまい 戦後50年 明日を求めて	住民を巻き込んだ地上戦、日本軍による住民殺害、政府が中心となって総合的な調査必要	
1996				
1997				
1999	○	記憶を共有するために	記憶を共有していくために沖縄戦の調査は重要であるとする	
2000		世紀をこえて伝えたい	沖縄の体験を世界に発信する施設として平和祈念資料館の展示が重要であるとする	
2001	○			

その他の記事（ページ：題）	その他の記事（内容）
23/24（社会）：「沖縄悲劇の日」知らぬ顔?!米軍、激しい演習	前日の大規模演習を批判
22/24（社会）：きょう沖縄慰霊の日	追悼式がある旨を伝える
3/24（総合）：真相・深層　洞窟に炎、散った82人　沖縄チビチリガマの集団自決	チビチリガマの集団自決について、生存者の証言を中心にして伝える
30/32（社会）：43年…戦没者数まだ不明　きょう沖縄慰霊の日	戦没者数が未だ明らかでないことを報じる
31/36（東京）：戦争画は「心の整理がつかない」　風物の絵に鎮魂の思いを託す	沖縄戦を兵士として経験した元教師が沖縄の風物を題材に個展を開く
33/36（社会）：新聞は消えず　沖縄戦とメディア（中）	沖縄戦下で刷られた「沖縄新報」の特集
1・4/32（主張・解説）：日米安保第一部「普天間」の衝撃	条件付きの普天間飛行場返還、大田知事の取り組み、沖縄と日米安保は表裏の関係
17/32：6・23　51回目の慰霊の日　若い世代に語り継がれる沖縄戦	沖縄戦体験や基地問題について沖縄の中〜大学生へのインタビュー
30/32：病院壕、一般公開を答申	南風原町で「ひめゆり学徒隊」ゆかりの病院壕を保存・整備する方針、戦争を追体験する場として有効だとする一方で前向きではない遺族もいると伝える
4/32（主張・解説）：論壇　特集沖縄・自立への視点	沖縄の自立・独立についての論考
30/32（社会）：沖縄戦　きょう慰霊の日	追悼式の内容、戦争体験者の「声」の記録について
1/36：沖縄戦　政府初調査へ	政府が沖縄戦の調査に乗り出すことを報じる
20・21/36：沖縄戦から54年　きょう「慰霊の日」	沖縄戦での動員・ガマでの生活・集団自決・体験の継承について特集
21/40：沖縄戦　継承へ課題	平和祈念資料館の展示について（平和の大切さや加害の歴史をどう伝えるか）、物だけでなく証言も分析し「歴史」として記録していくべきだとする
33/36（社会）：沖縄（下）　基地「容認」は本当か	基地に関する内閣府の意識調査についての特集

年	「天声人語」	社説（題）	社説（内容）	
2002				
2003	○			
2004	○			
2005	○	この地獄を忘れまい	沖縄戦を「地獄」と表現、沖縄で何があったのかを知ることは現代の戦争を考えるうえで必要だとする	
2006		悲劇と狂気を思い起こす	集団自決について、国に強いられた死	
2007	○	集団自決に見る軍の非情	沖縄戦とは何だったのかを改めて考える動き、集団自決、教科書問題	
2008				
2009	○			
2010	○			
2011	○			
2012	○			
2013	○			
2014	○			
2015	○			

その他の記事（ページ：題）	その他の記事（内容）
11/40（家庭）：きょうは「沖縄慰霊の日」戦争　私たちが語り継ぐ	記憶の継承が必要であるとする
14/40（オピニオン）：声	投書、「慰霊の日」関連のものを多く掲載している
36・37/40：沖縄戦語る重さ、今も	沖縄戦についての特集、沖縄戦体験者へのインタビュー
34/36（社会）：沖縄集団自決　「軍関与」で全会一致	沖縄県議会が教科書検定の検定意見撤回を求める決議、教科書検定批判
34/36（社会）：集団自決語る　沖縄、きょう慰霊の日	集団自決を中心に沖縄戦について特集、沖縄戦の本当の姿はまだ見えていないとする
37/40（社会）：沖縄戦の記憶　私が継ぐ	語り部の祖母と、その沖縄戦体験を語り継ごうとする孫へのインタビュー
39/40（社会）：基地用地　もう貸さない	112人の軍用地主が契約更新を拒んだことを伝える
38/40（社会）：集団自決　すり込まれた忠誠心	集団自決を目撃した沖縄戦体験者へのインタビュー、日本兵からの差別を見返すためより徹底して皇国臣民を目指す
17/40（オピニオン）：インタビュー　沖縄に海兵隊は必要か	元米駐日大使マイケル＝アマコストへのインタビュー、基地が世論に受け入れられなければ日米関係に影響が出ると語る
38/40（社会）：戦後70年　戦世（いくさゆ）を生きて（5）　マラリア悲劇　続いた「戦争」	終戦後に波照間島で家族を次々と失った住民に取材、日本軍による強制的な疎開
38/40（社会）：沖縄　きょう慰霊の日	追悼式とその前夜祭について概要を説明

（1986・87・89・91〜94・98年は記載なし。2007年以降、第一面右上端の日付の下に「沖縄慰霊の日」と記されるようになった。「3/24」とは、全紙面（24面）の第3面に掲載されたことを示す。『朝日新聞縮刷版』をもとに伊藤智比古作成）

資料5 摩文仁の丘に建立された府県慰霊碑 （沖縄県は除く）

建設年	月	碑名	府県	戦争呼称	碑文 A	B	C
1962	1	千秋の塔	秋田	沖縄戦	○		○
	10	愛媛之塔	愛媛	太平洋戦争	○		
	11	黒百合の塔	石川	沖縄決戦	○	○	○
1963	2	群馬之塔	群馬	太平洋戦争	○		○
	5	火乃国之塔	熊本	大東亜戦争	○	○	○
1964	4	信濃の塔	長野	大東亜戦争	○	○	○
	6	のじぎくの塔	兵庫	沖縄戦・太平洋戦争	○		
	11	みちのくの塔	青森	太平洋戦争	○		○
	11	茨城の塔	茨城	太平洋戦争	○	○	○
	11	近江の塔	滋賀	沖縄の戦い・沖縄戦	○		○
	11	安らかに	鹿児島	沖縄戦	○		○
1965	4	なにわの塔	大阪	太平洋戦争	○	○	○
	6	三重の塔	三重	第二次世界大戦	○	○	○
	10	岡山の塔	岡山	第二次世界大戦	○	○	○
	11	神奈川の塔	神奈川	大東亜戦争	○	○	○
	11	立山の塔	富山	第二次世界大戦	○	○	○
	12	房総之塔	千葉	さきの大戦	○	○	
	12	徳島の塔	徳島	たたかい			○
1966	3	岐阜県の塔	岐阜	太平洋戦争	○	○	○
	5	静岡の塔	静岡	なし	○		○
	9	鎮魂　長崎の碑	長崎	すぎし日の大戦	○		○
	10	岩手の塔	岩手	大東亜戦争	○	○	○
	10	ふくしまの塔	福島	第二次世界大戦	○	○	○
	10	福井之塔	福井	大東亜戦争	○		○
	10	はがくれの塔	佐賀	第二次世界大戦	○		○
	11	防長英霊の塔	山口	今次大戦	○		○
	11	栃木の塔	栃木	太平洋戦争		○	○
	11	埼玉の塔	埼玉	太平洋戦争		○	
	12	福岡の慰霊の塔	福岡	太平洋戦争			○
1968	10	宮城之塔	宮城	太平洋戦争	○		○
1976	12	新潟の塔	新潟	なし			
1994	11	愛國知祖之塔	愛知	なし	○	○	○

碑文内容
A「戦争、戦死の肯定、美化の響き」、B「愛国の情感」、C「平和への願望、祈願」、D「慰霊の趣旨」、E「戦争への懺悔、哀しみ」、F「反戦の決意、誓い」、G「沖縄は本土の盾、外地」、H「沖縄との友好、連帯」

内容					改修・移転年、石材
D	E	F	G	H	
		○			1985改修 本小松石 男鹿産寒風石
		○		○	故山の石（青石）
			○		2002改修 郷土産銘石（三波石等）
					有田焼磁器
			○		信濃の故山清流の銘石
	○				1996改修 県内名産みかげ石・竜山石
					岩木山東北麓・大森山付近産出の原石
	○				1995改修 郷土産稲田みかげ石
					1991改修 信楽の陶板・郷土の香り高き香石
					1991改修 高千穂峰霊石
		○		○	1994改修 能勢御影石
					郷土の山の仙石
					1986改修 笠岡市北木島産の霊石
					西丹沢等産石英閃緑岩
					1995改修 常願寺川油石・県産万成石
					1996改修
					名西郡神山町産出青石
		○	○	○	県内産原石
	○				祭壇・参道に伊豆石を使用、②・④では4月
					郷土の名石蛇紋石
○				○	下閉伊郡川井村産自然石
					1987移転改修 阿武隈山系産出自然石
					1972改修
					1990全面補修 郷土の貞石 背振山御影石等、④では1965年10月
					郷土足尾の石
					本県特産の鋳物 郷土産銘石
	○				
○					伊具郡丸森町産花崗岩、②・④では2月
					安田町産みかげ石
					1962建立 1965移転 1994移転　岡崎産御影石・中目石

（①『戦争賛美に異議あり！　沖縄における慰霊塔碑文調査報告』1983年、②『死者と追悼をめぐる意識変化―葬送と墓についての総合的研究』2005年、③『沖縄の「慰霊の塔」』2007年、④『沖縄の慰霊塔・碑』2007年、⑤『沖縄　戦跡が語る悲惨』2016年をもとに増田光佑作成）

資料4 平和祈念公園案内図 （2022年現在）

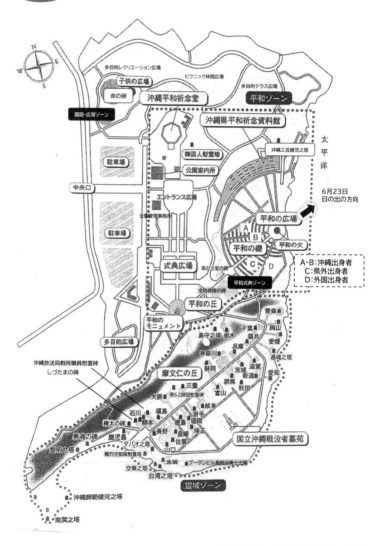

資料6 オバマ米大統領の広島訪問を報道する新聞

2016年(平成28年)5月28日(土曜日)　讀賣新聞

被爆者抱き寄せ

自ら折った鶴持参

オバマ米大統領は27日に広島平和記念資料館(広島市)を視察した際、自ら折った四つの「折り鶴」を持参した。うち2羽は出迎えた地元小学生2人に手渡し、残り2羽は、同資料館の芳名録のそばに置いていた。

同行した首相官邸は「自分で折ったのか」と尋ねると、オバマ氏は「少し手伝ってもらったが、自分で折った」と話じた。折り鶴は、和紙で折ったものだったという。

被爆者の森重昭さんを抱き寄せるオバマ米大統領(27日午後、広島市中区の平和記念公園で) —相陽寺撮影

オバマ大統領

「核ゼロへ」思い共有

坪井さん「米を責めず」

オバマ大統領(右)と握手する被爆者の坪井直さん(27日午後、平和記念公園で) —相陽寺撮影

（2016年5月28日付『読売新聞』朝刊より抜粋。一部画像処理）

資料7 原爆投下目標都市と原爆投下

1944（昭和19）年 ─────

9月18日　ハイド・パーク覚書（ローズヴェルト大統領・チャーチル首相）「『爆弾』が最終的に使用可能になったときには、熟慮のうえ、たぶん日本に対してこれを使用することになろうが、その場合、日本に対しては、降伏するまでこの爆弾が繰り返される旨を警告すべきである」。

11月24日　東京空襲（軍需工場・精密爆撃）。

1945（昭和20）年 ─────

1月20日　ハンセル准将更迭。ルメイ少将。空襲（大都市市街地・焼夷弾爆撃）。

3月10日　東京大空襲。

4月27日　第1回目標選定委員会。目標は東京・長崎間に位置する地域、対象は

東京湾、川崎、横浜、名古屋、大阪、神戸、京都、広島、呉、八幡、小倉、下関、山口、熊本、福岡、長崎、佐世保。

5月10日　第2回目標選定委員会。京都、広島、横浜、小倉、新潟。

28日　第3回目標選定委員会。京都、広島、新潟の3目標。小倉はのちに追加。

29日　横浜大空襲。

6月16日　空襲（中小都市市街地・焼夷弾爆撃）。

30日　京都、広島、小倉、新潟の4目標、通常爆撃禁止。

7月16日　ニューメキシコ州アラモゴードで原子爆弾実験成功。

17日　ポツダム会談。

20日　**第509混成航空群によるパンプキン爆撃演習（模擬原爆投下訓練～8月14日）**

21日～23日　**京都除外決定、広島第一候補、24日、長崎新たに候補地。**

25日　**原爆投下指令。1「第20航空軍第509混成航空群は、1945年8月3日ごろ以降において有視界爆撃が可能な天候になり次第、広島、小倉、新潟、長崎のいずれかを目標として、最初の特殊爆弾を投下する」。2「追加分の爆弾は、計画担当者による準備が整い次第、前記の目標に対して投下される」。3「日本に対するこの兵器の使用に関するいっさいの情報の公表は、陸軍長官ならびに米国大統領に委ねられる」。**

26日　ポツダム宣言発表。「無条件降伏」勧告。

8月2日　**原子爆弾投下命令（野戦命令書第13号、8月6日、目標広島、第2目標小倉、第3目標長崎）。**

6日　午前8時15分、広島に原爆投下、エノラ・ゲイ。トルーマン大統領声明。

7日　大本営、「新型爆弾、詳細目下調査中」。

8日　トルーマン大統領、ポツダム会談の報告。
原子爆弾投下命令（野戦命令書第17号。8月9日、目標小倉、第2目標長崎）。

9日　午前0時頃、ソ連参戦。満州・樺太南部に侵入。午前10時30分、最高戦争指導会議。午前11時2分、長崎に原爆投下、ボックス・カー。

10日　新潟市に疎開命令。

10日～14日　**第3弾目標都市検討（8月17日以降、小倉、東京、札幌、函館、小樽、横須賀、大阪、名古屋、京都）。プルトニウム型。**

14日　ポツダム宣言受諾。

15日　**玉音放送。**

（吉田守男「京都空襲論」（『日本史研究』第251号、1983年）、山極晃・立花誠逸編『資料　マンハッタン計画』（大月書店、1993年）などをもとに作成）

資料8 原爆投下の場合の
京都市の被害

（『週刊朝日』1975年8月15日号）

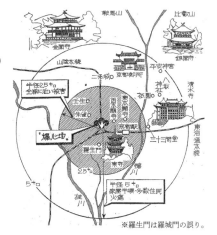

※羅生門は羅城門の誤り。

資料9　『図録　原爆の絵　ヒロシマを伝える』

（左下：後藤利文作、右下：吉村吉助作、いずれも広島平和記念資料館蔵）

資料10 『はだしのゲン』

（中沢啓治、中公文庫コミック版
第5巻）

(p.164)

(p.165)

資料11 『夕凪の街　桜の国』

（©こうの史代／コアミックス）

(p.23)

(p.24)

(p.25)

資料12 模擬原爆投下訓練（2013年6月末現在）

日付	対象	任務番号	目標名称	
7月20日	郡山市	1	日立大津	
		1	東京	
		1	平	
	福島市	2	軽工業、福島	
		2	品川製作所	
	長岡市	3	津上安宅製作所	
		3	平	
	富山市	4	不二越製鋼東岩瀬工場	
		4	日満アルミニウム東岩瀬工場	
		4	日本曹達会社富山製鋼所	
7月24日	新居浜市	5	住友銅精錬、新居浜	
		5	住友アルミニウム、新居浜	
		5	倉敷絹織西条工場	
	神戸地区	6	大阪鉄道局鷹取工機部	
		6	川崎車輌会社	
		6	三菱重工業	
		6	神戸製鋼所	
	大阪地区	7	四日市重工業	
		7	東洋レーヨン滋賀工場	
		7	大垣	
7月26日	長岡市	8	柏崎	
		8	未確認（N37°43′、E139°31′）	
		8	日立銅精錬	
		8	平工業地区	
	富山市	9	島田	
		9	名古屋	
		9	浜松	
		9	富山	
		9	大阪	
		9	焼津操車場	
7月29日	宇部市	10	宇部窒素肥料会社	
		10	宇部曹達会社	
		10	日本発動機油会社	
	郡山市	11	郡山軽工場	
		11	中島飛行機武蔵製作所	
		11	郡山操車場	

目標	爆撃方法	被弾地	死者数	負傷者数
第2	レーダー	不明	不明	不明
第2	レーダー	中央区八重洲側	1	62
第2	レーダー	いわき市平	なし	不明
第1	レーダー	福島市渡利	1	2
失敗	――	海上投棄	――	――
第1	レーダー	長岡市左近町	4	5
第2	レーダー	不明	不明	不明
第1	レーダー	富山市中田	}47	}40以上
第1	目視	富山市森		
第1	目視	富山市下新西町	――	捕虜10〜20
第1	目視	住友化学新居浜製造所	8	9
第1	目視	住友化学軽金属製造所	なし	28
臨機	目視	西条市朔日市	――	7
第1	目視	山陽電鉄東須磨駅北	1	――
第1	目視	川崎車輛機関車組立工場	3	30余
第1	目視	三菱重工神戸造船所	7	――
第1	目視	不明	不明	不明
第1	レーダー	四日市市千歳町	2	4
臨機	目視	大津市石山	16	250
第2	目視	大垣市高砂町	20	100
第2	レーダー	刈羽郡西中通村	2	6
臨機	目視	東蒲原郡鹿瀬町丈山	なし	2
臨機	目視	日立市白銀町	3	――
臨機	目視	いわき市平字揚土	3	77
第2	目視	島田市扇町	50	150
第2	レーダー	名古屋市昭和区	5	1以上
第2	レーダー	浜松市東区将監町	なし	――
第2	レーダー	富山市豊田本町	16	40以上
第2	目視	大阪市東住吉区田辺本町	7	73
臨機	レーダー	焼津市中港瀬戸川河口付近	なし	6
第1	目視	宇部市万来町	11	6以上
第1	目視	宇部曹達工場内	2	若干
第1	目視	宇部市東海岸通り	5	――
第1	目視	日東紡郡山第3工場北	16	20
第2	目視	北多摩郡保谷町	3	11
臨機	目視	郡山駅便所前	23	204

日付	対象	任務番号	目標名称	
7月29日	四日市市	12	和歌山精油所	
		12	舞鶴海軍工廠	
8月6日	**広島市**	**13**	**広島**	
8月8日	大阪市	14	未確認組立工場、宇和島	
		14	化学工場、敦賀	
		14	徳島	
	四日市市	15	四日市重工業	
		15	転換織物工場	
8月9日	**長崎市**	**16**	**長崎**	
8月14日	京都 （愛知）	17	名古屋陸軍造兵廠鳥居松製造所	
		17	名古屋陸軍造兵廠鳥居松製造所	
		17	名古屋陸軍造兵廠鳥居松製造所	
		17	名古屋陸軍造兵廠鷹来製造所	
		18	トヨタ自動車工業挙母工場	
		18	トヨタ自動車工業挙母工場	
		18	トヨタ自動車工業挙母工場	

	目標	爆撃方法	被弾地	死者数	負傷者数
	臨機	目視	椒村東亜燃料竹田住宅裏山	なし	——
	第2	目視	舞鶴海軍工廠造機部	97	百数十
	第1	**目視**	**広島市島病院上空**	**14万**	
	第2	目視	松山海軍航空隊宇和島分遣隊	18	——
	第2	目視	東洋紡績敦賀工場	33	——
	臨機	目視	不明	不明	——
	第1	目視	四日市市千歳町	2	傷56
	第1	目視	四日市市塩浜町	1	——
	第2	**目視**	**長崎市松山町**	**7万**	
	第1	目視	春日井市上条町	なし	——
	第1	目視	春日井市杁ヶ島町	7	傷1
	第1	目視	春日井市王子町	なし	——
	臨機	目視	春日井市鷹来町	なし	傷1
	第1	目視	豊田市トヨタ町	なし	——
	第1	目視	豊田市明和町	なし	——
	第1	目視	豊田市今町	1	——

（——は空欄を示す。『原爆投下部隊』をもとに作成）

資料13 **大都市空襲略表**（1944年11月～1945年6月）

回次 月/日	目標	航空団	第一目標 攻撃機数	投弾高度 （m）	投下弾量 （米トン）	焼夷面積 （平方マイル）
1回 11/29-30	東京	73	24	7600～ 10100	―	―
2回 1/3	名古屋	73	57	8600～ 9600	―	―
3回 2/4	神戸	73 313	69	7500～ 8200	172.8	0.095
4回 2/25	東京	73 313 314	94 60 18 計172	7200～ 9500	453.7	1.004
5回 3/9-10	東京	73 313 314	137 93 49 計279	1500～ 2800	1665.0	15.8
6回 3/11-12	名古屋 I	73 313 314	145 101 39 計285	1600～ 2600	1789.8	2.1
7回 3/13-14	大阪	73 313 314	124 107 43 計274	1500～ 2900	1732.6	8.1
8回 3/16-17	神戸	73 313 314	142 117 47 計306	1400～ 2700	2328.1	2.9
9回 3/18-19	名古屋 II	73 313 314	128 114 48 計290	1400～ 2700	1857.5	2.95
10回 4/13-14	東京北部	73 313 314	115 110 102 計327	2100～ 3400	2119.6	11.4
11回 4/15-16	川崎	313 314	95 99 計194	2000～ 3000	1110.0	3.70
12回 4/15-16	東京蒲田	73	109	2400～ 3100	768.9	6.0

回次 月/日	目標	航空団	第一目標 攻撃機数	投弾高度 （m）	投下弾量 （米トン）	焼夷面積 （平方マイル）
13回 5/14	名古屋北部	58 73 313 314	124 145 68 135 計472	4900〜 6300	2515.1	3.15
14回 5/16-17	名古屋南部	58 73 313 314	122 137 81 117 計457	2000〜 5600	3609.0	3.82
15回 5/23-24	東京	58 73 313 314	119 156 97 148 計520	2400〜 3100	3645.7	5.3
16回 5/25-26	東京	58 73 313 314	125 132 82 125 計464	2400〜 6700	3262.0	16.8
17回 5/29	横浜	58 73 313 314	122 136 65 131 計454	2000〜 6400	2569.6	6.9
18回 6/1	大阪	58 73 313 314	107 140 108 103 計458	5500〜 8700	2788.5	3.26
19回 6/5	神戸	58 73 313 314	107 139 113 114 計473	4200〜 5700	3079.1	3.8
20回 6/7	大阪	58 73 313 314	107 120 77 105 計409	5500〜 7100	2593.6	3.4
21回 6/15	大阪・尼崎	58 73 313 314	119 132 85 108 計444	5000〜 8200	3157.3	2.49

（米１トンは約0.9トン、『B-29　64都市を焼く』をもとに作成）

資料14 中小都市空襲略表 (1945年)

回次 月/日	目標	航空団	第一目標 攻撃機数	投下弾量 （米トン）	面積焼夷率 （％）	備考
1回 6/17-18	鹿児島	314	117	809.6	44.1	
	大牟田	58	116	769.2	4.1	
	浜松	73	130	911.7	57.5	
	四日市	313	89	567.3	35.0	
2回 6/19-20	豊橋	58	136	946.4	52.0	
	福岡	{ 73 313	{ 131 90	1525.0	21.5	
	静岡	314	123	868.3	66.0	
3回 6/28-29	岡山	58	138	981.5	63.0	下松日本石油・石油作戦
	佐世保	73	141	1058.9	42.0	
	門司	313	91	625.9	26.9	
	延岡	314	117	828.8	36.0	
4回 7/1-2	呉	58	152	1081.7	40.0	
	熊本	73	154	1113.2	21.0	
	宇部	313	100	714.6	23.0	
	下関	314	128	833.0	36.0	
5回 7/3-4	高松	58	116	833.1	78.0	
	高知	73	125	1060.8	48.0	
	姫路	313	94	767.1	71.7	
	徳島	314	129	1050.8	74.0	
6回 7/6-7	千葉	58	124	889.5	43.4	下津丸善石油・石油作戦
	明石	73	123	975.0	63.5	
	清水	313	133	1029.6	52.0	
	甲府	314	131	970.4	65.0	
7回 7/9-10	仙台	58	123	911.3	27.0	第2海軍燃料廠・石油作戦
	堺	73	115	778.9	44.0	
	和歌山	313	108	800.3	52.5	
	岐阜	314	129	898.8	74.0	
8回 7/12-13	宇都宮	58	115	802.9	34.2	川崎三菱石油・石油作戦
	一宮	73	124	772.0	0.8	
	敦賀	313	92	679.1	68.0	
	宇和島	314	124	872.5	14.0	
9回 7/16-17	沼津	58	119	1035.8	89.5	
	大分	73	127	790.4	25.2	
	桑名	313	94	693.3	77.0	
	平塚	314	133	1162.5	44.2	

回次 月/日	目標	航空団	第一目標攻撃機数	投下弾量（米トン）	面積焼夷率（%）	備考
10回 7/19-20	福井	58	127	953.4	84.8	尼崎日本石油・石油作戦
	日立	73	127	963.2	78.2	
	銚子	313	91	704.8	43.0	
	岡崎	314	126	850.0	68.0	
11回 7/26-27	松山	73	127	896.0	73.0	
	徳山	313	97	751.5	53.5	
	大牟田*	314	124	964.6	38.0	
12回 7/28-29	津	58	76	729.8	66.7	第1回リーフレット心理作戦 下津東亜石油・石油作戦
	青森	58	61	546.5	35.0	
	一宮*	73	122	868.8	75.0	
	宇治山田	313	93	734.6	39.0	
	大垣	314	90	658.7	40.0	
	宇和島*	314	29	205.3	52.0	
13回 8/1-2	八王子	58	169	1593.3	80.0	第2回リーフレット心理作戦 祝賀大爆撃 川崎石油企業群・石油作戦
	富山	73	173	1465.5	99.5	
	長岡	313	125	924.3	65.5	
	水戸	314	160	1144.8	65.0	
14回 8/5-6	佐賀	58	63	458.9	0.00	第3回リーフレット心理作戦 宇部帝国燃料工業・石油作戦
	前橋	313	92	723.8	42.0	
	西宮	{ 73 314	225	2003.9	37.0	
	今治	58	64	510.0	76.0	
15回 8/8	八幡	{ 58 73 313	{ 30 108 83	1301.9	21.0	
	福山	58	91	555.7	73.3	
16回 8/14-15	熊谷	{ 313 314	{ 11 70	593.4	45.0	土崎日本石油・石油作戦
	伊勢崎	{ 73 314	{ 8 78	614.1	16.6	

（石油作戦は海岸に位置する製油所や石油施設を第315航空団が爆撃した。※は2度目の空襲。『B-29　64都市を焼く』をもとに作成）

資料15 1945年8月15日付『朝日新聞』朝刊第一面

資料16 大東亜戦争終結ニ関スル詔書・御署名原本
（国立公文書館デジタルアーカイブ）

資料17 『この世界の片隅に』（新装版　下巻）

（©こうの史代／コアミックス）

この国から正義が飛び去ってゆく

（p.152）

（p.152、153）

資料18 戦争遺跡

①政治・行政関係	陸軍省・海軍省などの中央官衙、師団司令部・連隊本部などの地方官衙、陸軍病院、陸軍学校、研究所など。
②軍事・防衛関係	軍事的な要塞（堡塁・砲台）、高射砲陣地、陸軍・海軍飛行場、陸軍演習場、練兵場、通信所、軍港、ガマなどの洞窟陣地、特攻隊基地、待避壕、掩体壕（飛行機の格納庫）、戦車壕、試射場、監視哨（空襲に備えての敵機の監視台）、爆弾・毒ガスの埋納地など。
③生産関係	陸軍造兵廠、航空機製作工場などの軍需工場、経済統制を受けた工場、地下軍需工場、鉱山跡など。
④戦闘地・戦場関係	沖縄諸島、硫黄島などの戦闘が行われた地域、東京・大阪・名古屋などの空襲被災地、広島・長崎の原爆被爆地、爆弾の墜落地。
⑤居住地関係	外国人強制連行労働者居住地、防空壕、捕虜収容所など。
⑥埋葬関係	陸軍墓地、海軍墓地、捕虜墓地、忠魂碑（戦死者の記念碑）など。
⑦交通関係	軍用鉄道軌道、軍用道路など。
⑧その他	航空機の墜落跡、奉安殿、戦争に関わる学校、学童疎開所、二宮金次郎像、軍・労務慰安所、戦争忌避地など。

（『しらべる戦争遺跡の事典』をもとに作成）

資料19 関東地方における海軍航空隊（航空基地）と
陸軍飛行学校（飛行場）

（「試製基地要図第三（関東地方）」防衛研究所戦史センター蔵）

資料20 茨城県域での特攻訓練と戦後の土地転用

【海軍】

霞ヶ浦海軍航空隊（稲敷郡阿見村、現阿見町）1922年11月１日。1943年２月、練習連合航空総隊。	
戦後	茨城大学農学部・東京医科大学茨城医療センター・陸上自衛隊霞ヶ浦駐屯地・民間企業・民有地。
筑波海軍航空隊（西茨城郡宍戸町、現笠間市）1934年８月15日、霞ヶ浦海軍航空隊友部分遣隊。1938年12月15日、筑波海軍航空隊。	
特攻	鹿屋特攻基地　第１～第６筑波隊。
戦後	県立友部病院。2011年、県立こころの医療センター。2013年、筑波海軍航空隊記念館。
百里原海軍航空隊（東茨城郡白河村・橘村、現小美玉市）1938年12月15日、筑波海軍航空隊百里原分遣隊。1939年12月１日、百里原海軍航空隊。	
特攻	1944年10月、第721海軍航空隊（神雷部隊）編制（人間爆弾「桜花」訓練基地）。国分・串良特攻基地　神風特別攻撃隊第１～第４正統隊・常盤忠華隊・皇花隊・天山隊・第１～第３正気隊・第４御楯隊。
戦後	1966年、航空自衛隊百里基地。2010年３月、茨城空港。
鹿島海軍航空隊（稲敷郡安中村、現美浦村）1938年５月、霞ヶ浦海軍航空隊安中水上班。12月15日、鹿島海軍航空隊。	
特攻	指宿特攻基地　神風特別攻撃隊第２魁隊（北浦海軍航空隊で編制）。
戦後	東京医科歯科大学予科・霞ヶ浦分院・国立環境研究所。2015年、美浦村メガソーラー発電所。
谷田部海軍航空隊（筑波郡谷田部町、現つくば市）1938年12月15日、霞ヶ浦海軍航空隊谷田部分遣隊。1939年12月１日、谷田部海軍航空隊。	
特攻	鹿屋特攻基地　神風特別攻撃隊第１～第５昭和隊。
戦後	農地・宅地・研究所施設・谷田部海軍航空隊記念碑（筑波学園病院内）・飛行場橋（常磐自動車道跨道橋）。
土浦海軍航空隊（稲敷郡阿見村、現阿見町）1940年11月15日開隊、海軍飛行予科練習生専門教育。	
特攻	1944年10月　フィリピン戦線　海軍初の特攻隊、第一神風特別攻撃隊、敷島・大和・朝日・山桜・菊水隊（当初指名隊員は予科練甲種第10期生）、若桜・彗星・初桜・葉桜隊。
戦後	陸上自衛隊土浦駐屯地武器学校、雄翔館・霞ヶ浦高等学校。2010年、隣接地に阿見町予科練平和記念館。

北浦海軍航空隊（行方郡大生原村、現潮来市）1941年10月、鹿島海軍航空隊北浦分遣隊。1942年4月1日、北浦海軍航空隊。1945年5月5日、鹿島海軍航空隊北浦航空基地。	
特攻	水上機最初の特攻隊編制。指宿特攻基地　悠心隊→神風特別攻撃隊第1魁隊、第2魁隊（出撃時は鹿島海軍航空隊）。
戦後	滑走台・格納庫基礎・北浦航空隊物故者水難慰霊塔・皇太子明仁殿下御行啓記念碑。
神之池海軍航空隊（鹿島郡高松村・現鹿嶋市、息栖村・現神栖市）1944年4月1日、開隊。	
特攻	1944年11月、百里原海軍航空隊より第721海軍航空隊（神雷部隊）移転。鹿屋特攻基地　神雷部隊（桜花・一式陸攻・零戦）、1945年3月21日、第1神風桜花特別攻撃隊神雷部隊桜花隊・攻撃隊・戦闘隊、第2〜第10神風桜花特別攻撃隊神雷部隊桜花隊・攻撃隊、神風特別攻撃隊神雷部隊爆戦隊（建武隊）。
戦後	鹿島開発、桜花碑・桜花公園（日本製鉄株式会社東日本製鉄所鹿島地区構外）。

【陸軍】

水戸陸軍飛行学校（那珂郡前渡村、現ひたちなか市）1938年7月、下志津飛行学校内に開設。1939年3月、水戸陸軍飛行学校。1943年8月、明野陸軍飛行学校分校。1944年6月20日、常陸教導飛行師団。	
特攻	1944年11月、フィリピン戦線　八紘第2一宇隊・八紘第10殉義隊。知覧特攻基地　第24・44・52・53・56・68振武隊。都城東特攻基地　第61振武隊。台中　誠第35飛行隊。
戦後	米軍水戸射爆場・国営ひたち海浜公園・水戸つばさの塔。
鉾田陸軍飛行学校（鹿島郡新宮村・上島村・白鳥村、現鉾田市）1940年12月、浜松陸軍飛行学校内に開設。1941年1月、鉾田陸軍飛行学校。1944年6月、鉾田教導飛行師団。	
特攻	1944年10月、陸軍初の特攻隊、万朶隊編制。フィリピン戦線　万朶隊・八紘第5鉄心隊・八紘第8勤皇隊・八紘第11皇魂隊。知覧特攻基地　第45振武隊。万世基地　第63・64振武隊。
戦後	鉾田陸軍飛行学校顕彰碑・旧美原球場。

（『鉾田陸軍飛行学校顕彰碑建立記念誌』1975年、『天と海―常陸教導飛行師団特攻記録』1988年、『特別攻撃隊の記録〈海軍篇〉』2005年、『特別攻撃隊の記録〈陸軍篇〉』2005年、『フィールドワーク　茨城県の戦争遺跡』2008年、『特攻隊の〈故郷〉　霞ヶ浦・筑波山・北浦・鹿島灘』2019年をもとに作成）

1944年10月29日付『朝日新聞』朝刊第一面

 「満蒙開拓青少年義勇軍府県別送出番附」

満蒙開拓青少年義勇軍府県別送出番附

（昭和十七年四月一日現在）

西		蒙御免	東	
横綱	廣島	取締役 拓務省 開拓總局 時縣廳	横綱	長野
大關	熊本		大關	山形
關脇	香川		關脇	新潟
小結	鳥取		小結	静岡
前頭	本川		前頭	岡山
同頭	愛媛		同頭	福島
同	鹿兒島		同	石川
同	岡山		同	鮫阜
前頭	大阪	勧進元 満蒙開拓青少年 義勇軍本部	前頭	茨城
同	大分		同	宮城
同	兵庫		同	埼玉
同	佐賀		同	岩手
同	和歌山		同	山梨
同	京都		同	東京
同	宮崎		同	福井
前頭	長崎	年寄 南満洲鐵道株式會社 満洲拓殖公社 満洲移住協會	前頭	愛知
同	島根		同	青森
同	滋賀		同	富山
同	三重		同	北海道
同	高知		同	秋田
同	福岡		同	千葉
同	奈良		同	神奈川
同	沖縄		同	朝鮮

（『海の外』第244号、1942年8月、信濃海外協会）

資料22　学校系統図（1941年4月）

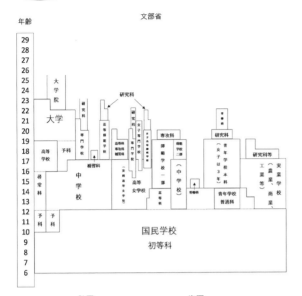

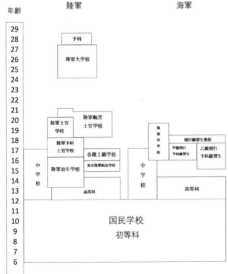

（文部省編『学制百年史』をもとに作成）

――――――――――――― あとがき ―――――――――――――

　合計5時間20分の講習を文字に起こしたら、このような本になりました。実際の講習では、これに加え、正午の時報と「君が代」から始まる玉音放送を2回流し、さらに私が「終戦の詔書」を読み上げ、また『沖縄の絵　地上戦　命の記録』『図録　原爆の絵　ヒロシマを伝える』に収録された絵や『はだしのゲン』『夕凪の街　桜の国』などを教材として提示しながら、受講後の授業に役立てて欲しいとの想いから、さまざまの視点でアジア・太平洋戦争について話しましたから、かなり早口な講義であったと思います。にもかかわらず、受講者の方からは「先生の伝えたいことがよくわかる熱い講義でした」「知的好奇心を刺激していただいた講義でした」「あっという間に一日が終わった感があります」などの好意的な感想をいただきました。

　30年間在職した筑波大学では、自分自身の足もとを見つめ、足もとから「問い」をたてること、歴史や生活の場へ自ら足を運び、社会や文化にまなざしを向け、自分の言葉で語ることを繰り返し述べてきました。この本は、そうした私の教育実践の記録であり、この3月で退職する筑波大学の最終講義です。

　本書の編集では、筑波大学退職記念論集『郷土から問う　歴史学と社会科教育』に引き続き、清水書院の渡部哲治氏（前社長・現編集部顧問）に大変お世話になりました。また校正では、黒井茂氏、冨所克哉氏、伊藤智比古氏にお世話になりました。

　本書が、アジア・太平洋戦争を学ぶ方や沖縄・広島・長崎への修学旅行を計画されている方々の眼に触れることを願っております。

　　2023年3月

　　　　　　　　　　　　　　　　　　　　　　　伊藤　純郎

著者略歴

1957年長野県生まれ。筑波大学人文社会系教授　博士（文学）。
専門は歴史学と歴史教育学。

主要著書

『郷土教育運動の研究』（思文閣出版、1998年）、『増補　郷土教育運動の研究』（思文閣出版、2008年）、『歴史学から歴史教育へ』（NSK出版、2011年）、『満州分村の神話　大日向村は、こう描かれた』（信濃毎日新聞社、2018年）、『特攻隊の〈故郷〉霞ヶ浦・筑波山・北浦・鹿島灘』（吉川弘文館、2019年）、『満蒙開拓　青少年義勇軍物語　「鍬の戦士」の素顔』（信濃毎日新聞社、2021）など。

アジア・太平洋戦争を問い直す

定価はカバーに表示

2023年 3 月25日　　初　版　第 1 刷発行

著　者　　伊藤　純郎
発行者　　野村　久一郎
印刷所　　法規書籍印刷株式会社
発行所　　株式会社　清水書院
　　　　　〒102-0072
　　　　　東京都千代田区飯田橋3-11-6
　　　　　電話　03-5213-7151㈹
　　　　　FAX　03-5213-7160
　　　　　https://www.shimizushoin.co.jp

乱丁・落丁本はお取り替えします。　　ISBN978-4-389-43062-7